最後の漂海民

《西海の家船と海女》

Azuma Yasuyuki

東 靖晋

◉弦書房

装丁＝毛利一枝

〔カバー・表紙 絵〕
絵巻に描かれた十八世紀後半の肥前の海女
＝「『肥前国産物図考』にみる習俗」（佐賀県立博物館、昭和53年）より
〔カバー裏 写真〕
藤川健次さんが使うホコの数々
〔本扉 写真〕
昭和初期の瀬戸港。向こう岸の福島側に家船集落が見える。現在は左半分が埋立てられている＝『町勢要覧』（大瀬戸町、平成３年）より

目次

第一部　西彼杵半島・瀬戸の家船

第二部　対馬・曲の海女

第一部

西彼杵《にしそのぎ》半島・瀬戸《せと》の家船《えぶね》

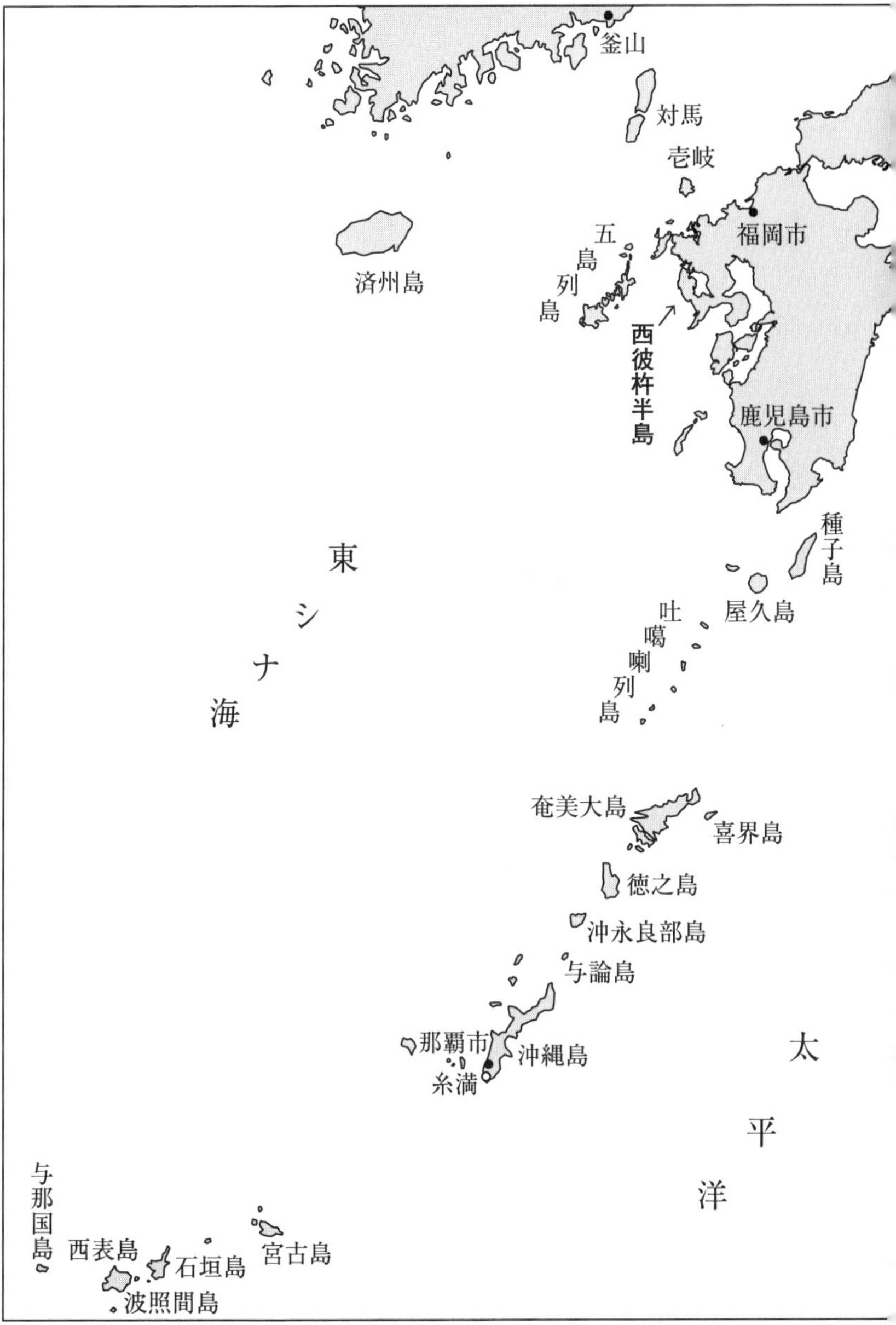

釜山
対馬
壱岐
福岡市
五島列島
済州島
西彼杵半島
鹿児島市
種子島
屋久島
吐噶喇列島
東シナ海
奄美大島
喜界島
徳之島
沖永良部島
与論島
那覇市
沖縄島
糸満
太平洋
与那国島
西表島
石垣島
宮古島
波照間島

西彼杵半島と琉球弧

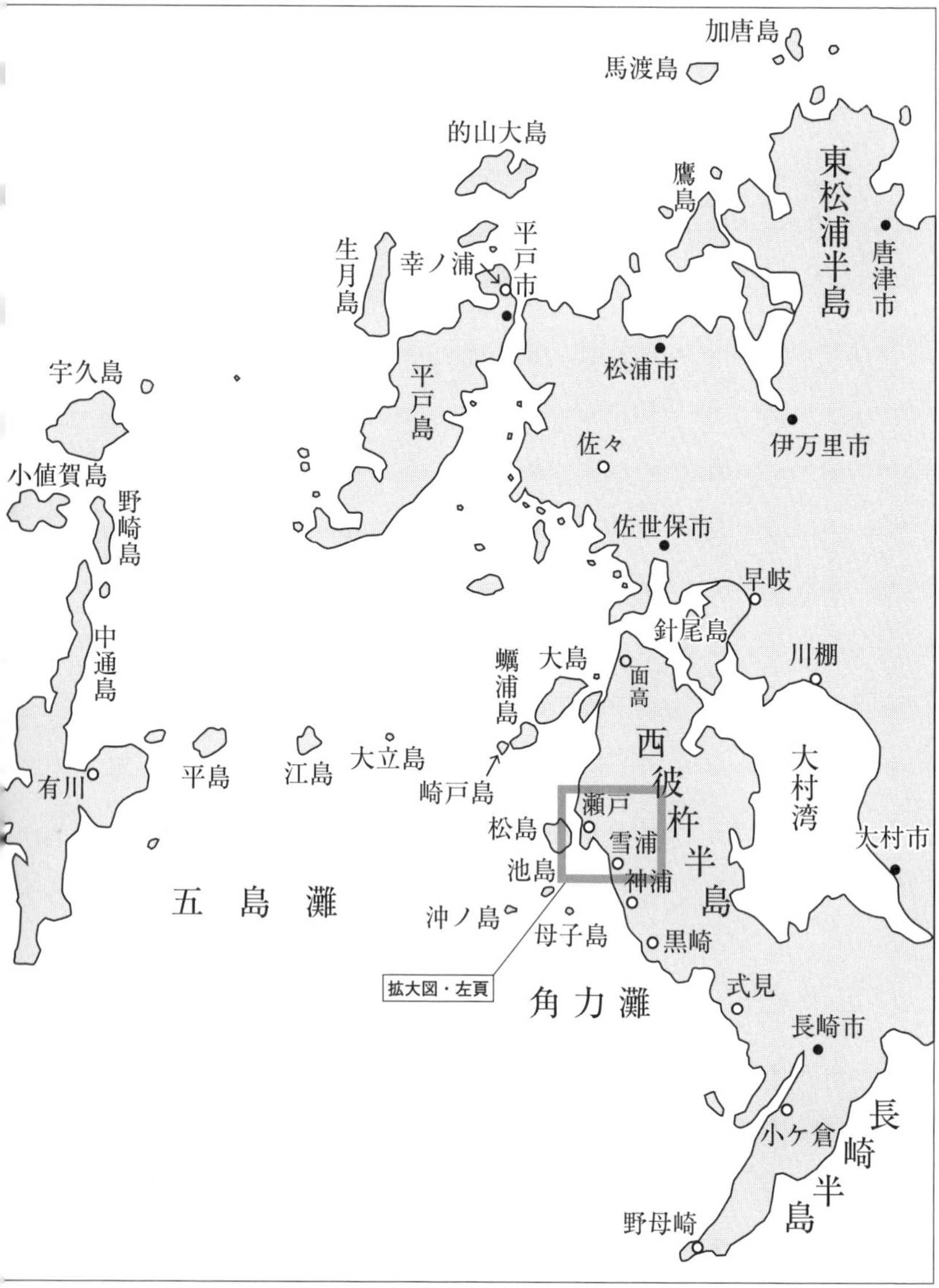

西彼杵半島を中心にした西海地域

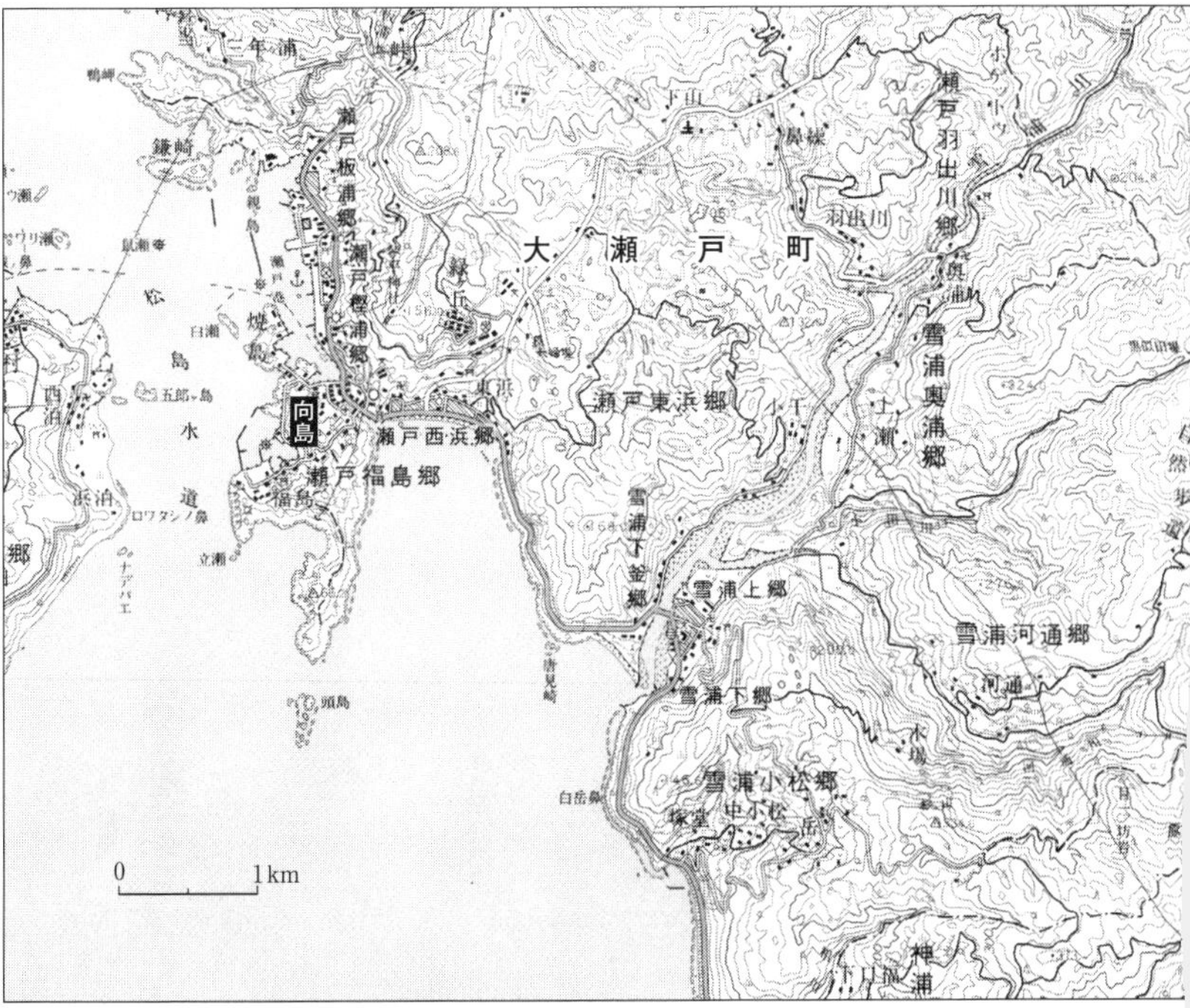

長崎県大瀬戸町向島とその周辺

【はじめに】島と半島をめぐる旅へ

四周を海に囲まれた日本列島の人々は、古来から海の向こうに目を凝らしてきた。水平線の彼方から寄りくるものに、過剰なほど一喜一憂してきたのである。それは島ぐにに生きる民の宿命でもあるが、それだけではない。かつて折口信夫は、熊野に旅して「遙かな波路の果に、わが魂のふるさとのある様な気がしてならなかった」（『妣《はは》が国へ・常世《とこよ》へ』傍線、著者）と書いた。彼は海の彼方に民族の「原郷」を見ようとしたのである。

「原郷」は、しかし美しいばかりとは限らない。幸いも災いも、すべて海の向こうからやってくる。われわれは、ただじっとそれを待ち受けるだけ――。ここから見えてくるのは、息をひそめるようにして生きてきた静謐な列島常民のすがたである。

けれど、そんな風景に抗うような一群の人たちが、わが列島にはいた。「海人《かいじん》」と呼ばれる人たちだ。彼らは「待ち受ける」ことを潔しとせず、みずから果敢に海に打って出た。漂泊することもあっただろう。もちろん、それは「国境」など定かでない時代から連綿と続いてきたにちがいない。

そんな海人の代表格が「潜水海人」と「家船《えぶね》海人」だ。前者は「アマ」のことで、これはすでに広く知られている。何年前だったか、「あまちゃん」というNHKテレビの朝の連続ドラマが大ヒットしたことは記憶に新しい。それは「北限の海女」として知られる岩手県久慈市を舞台にしたものだった。たしかに、半ば観光化したとはいえ、アマはなお列島各地に息づいている。

それに比べて、「家船」の方はいささか寂しい。ほとんど忘れられた海人といっていい。とりわけ九州の場合がそうだ。彼らは主として西北九州の海域を活動領域にしてきたのだが、今日、その姿を見ることはない。ただ、かろうじて「家船系漁師」とでも言うべき人たちが、島陰で何とか命脈を保っているのが現状だ。それも数えるほど。彼らはいま、いわば一つの基層文化の終焉を身をもって生きているわけである。

九州家船の面影を留めておこうとすれば、もう今しかないだろう。幸いなことに、漁の骨格は往時とあまり変わりはないらしい。何より急がれるのは、彼らの口からその伝統的な漁法を語ってもらうことである。加えて、最後の「家船系漁師」を基点に、彼らの来歴を順にたどり寄せてみるのもいいだろう。ここから、家船の「黄金期」や「草創期」の姿が見えてくるかもしれない。時代の節目というのは、来し方を振り返る恰好の機会でもある。

その九州家船の根拠地だったのが西彼杵《そのぎ》半島（長崎県）だが、実はこの地は「石鍋《いしなべ》」の一大生産地でもあった。これも、久しく歴史の彼方に棄て去られてきたものだ。しかしこの不思議な容器は、最近になって、にわかに自らの存在を主張しはじめたのである。背景には、とくに奄美諸島における遺跡の発掘と、それに伴う南島交流史の目ざましい進展があった。古代末から中世にかけてのこと。

その時代、まだ「家船」ということばは登場してはいなかった。ただし、家船に先行する海人はいたにちがいない。その海人たちと石鍋は、この小さな半島で交差したことはなかったかどうか。どうしても、思いはそこへ飛んでいく。

半島というのは、「外部」世界へ伸びようとする触手でもある。そんな地で、海人と石鍋という二つの発光体がスパークしたとすれば、さてどんなことになるか。忘れられた二つの文化が、絡み合いながら歴史の灰塵のなかから浮上してくるかもしれない。

まずは、海と半島と島々の史的ダイナミズムを探る小さな旅に出かけることにしよう。

Ⅰ　最後の家船系漁師たち

◆西彼杵半島というところ

「陸の孤島」という決まり文句がある。おそろしく交通が不便で、周囲から孤絶しているところ、といったほどの意だ。暗いイメージに覆われていることは言うまでもない。ただ、そのことばの裏には「地続きなのに」という意識が隠されている。いってみれば陸上中心史観であるだが、いったん「陸」へのこだわりを振り捨てれば、従来とは異なった姿が立ち現れてくるのではないか。時代をさかのぼれば、なおさらそうだろう。そんな思いに導かれながら、列島の或る地点に目を留めてみよう。

九州西北海域――。この地は、古くから日本の西の最果てといわれてきた。彼方に広大な東シナ海が広がり、そのはるか向こうには唐《から》・天竺《てんじく》が控える。

その海域の一角を占める五島列島。平安時代、福江島の三井楽《みいらく》は「みみらくの島」として都びとに聞こえた。その地に行けば亡き人に出会える、と伝えられてきたからである。当時、そこは幽明境を接する地であり、ここから向こうは「他界」であった。時代は下って、江戸の後期。文人の頼山陽は、天草灘から西方の東シナ海をのぞんで「雲か山か、呉か越か」と詠んだ。彼は、その水平線の彼方に唐土のまぼろしを見ようとしたのである。

たしかに近年まで、この一帯は九州のなかでも極めて足の便が悪く、僻陬《へきすう》の地といわれてきた。山がそのまま海に沈み込んで、平地はほとんど見られない。海岸線の出入りは激しく、それを取り巻いて大小の島々が散らばっている。島と半島、入江と岬、それに海原、これが一帯の風景のすべてといっても過言ではない。これから訪ねようとしている西彼杵半島も、長らく「陸の孤島」と呼ばれてきたところだ。他人《ひと》から言われるだけではない。この地の人たち自身、近年まで「ここは陸の孤島だから」とよく口にしてきたのである。

しかし、そんな侘しい最果ての地も、海の側に視座を移すと、どういうことになるのか。

この海域は、古くから環東シナ海の一翼を占め、「海人」たちの闊歩するところだった。おそらく文字のない時代からそうだったにちがいない。もっと沖へ目をやると、そこには九州島を南北に行き交う海道が延びていた。それは琉球列島へ、さらには朝鮮半島や大陸にもつながっていただろう。寂然《せきぜん》とした「陸の孤島」というのは貌の半分に過ぎない。もうひとつの海の世界は、激しく水しぶきをあげていたのである。

海に取り巻かれているから「海人」は当然いただろう、と考えがちだが、それは違っている。

冒頭にも触れたように、驚くほど長い海岸線をもつわが列島だが、不思議なことに、その多くは海に背を向けて生きてきたといっていい。たとえ海沿いの村であっても、河口にささやかな田畑を拓き、時おり目の前の浜に出ては海藻を拾ったり寄りくる魚を獲ったりするだけのところが大半だったのである。そこでは漁業といっても、いわば農業の延長でしかなかった。かの宮本常一は言っている。

「日本は島国であり、多くの属島をもっている。人の住む島だけでも五〇〇に近い。それにもかかわらず、民族全体に海洋性らしいものはみとめられない。わずかに海洋民族らしい活躍をしたのは少数の海人とその子孫たちにすぎぬ。そして日本人は全体としておよそ海に無関心であり海をおそれさえした」（『海に生きる人々』傍点、引用者）

ちょっと驚くべきことばではないか。日本は海のくにではない、と述べているのである。あれほど海の文化に通じていた宮本でさえ、こう言わざるをえなかったところが興味深い。

そのなかで、海をわがものとした「少数の海人」たちは特異な存在だった。高桑守史氏は、地先の漁業である「農民漁業」に対して、海への志向性が強い彼らの漁を「海民漁業」と呼んでいる。九州西北海域というのは、そんな「海人」たちの溜まり場だったのである。そして近年まで、船を住みかとして漂泊的な漁撈生活を営む集団が見られた。すなわち「家船」だ。

◆九州家船の本拠地へ

わがくににおける家船の分布は、大きく分けて、九州西北海域と瀬戸内海が二大中心圏を成している。著しく西日本に偏っているのがわかる。九州東岸にも一部分布しているが、それは瀬戸内海家船（能地《のうじ》）から枝分かれしたものといわれる。一般によく知られているのは瀬戸内海家船の方で、能地のほかに二窓《ふたまど》、吉和《よしわ》という親村があった。いずれも広島県に属している。彼らはここを基地に西日本各地の漁場に出かけ、瀬戸内はもちろん、北部九州の沿岸にも枝村をつくっていった。

一方、わが肥前家船は、瀬戸内海の集団に比べて、それほど人目につかずにきたといってい い。何より九州の西の辺境を活動領域としてきたからだ。それでも、九州西北の島々などにやはり枝村をつくっている。ちなみに、「家船」というのは九州における呼び方であって、しかも当の本人たちはこの呼称をあまり好まない。陸上の民の差別的な眼差しをそこに感じとるからである。瀬戸内海の家船の方は、一般的に「フナズマイ」とか、あるいは地名をとって「ノウジ」などと呼ばれている。

では、九州の家船の本拠地はどこだったのか。

それは長崎県西彼杵郡の瀬戸（現・西海市大瀬戸町）であろうと言われる。地名をとって「瀬戸

昭和初期の瀬戸港（向こう側が福島）＝『町勢要覧』（平成3年、大瀬戸町）より

家船」。西彼杵半島の外海側のほぼ真ん中あたりに位置している。

西彼杵半島は、サツマイモのような形をして南北に延びている半島だ。約三十キロ。その根っこあたりに長崎市がある。西は荒海の角力《すもう》灘と五島灘で、その先に五島の島々が北東から南西に連なっている。東は湖のように波静かな大村湾。地元では、半島の西岸を外海《そとめ》地方、東岸を内海《うちめ》地方と言い習わしている。西彼杵半島は、あたかも大村湾を抱きかかえるような形で東シナ海と対峙しているのである。このあたりはキリシタンが隠れ住んだことで知られるが、たしかに世間から身を隠すには絶好の場所といえる。同時に、そこは海に生きる民にとっても願ってもないところだった。

西海市役所のある半島側の町（大瀬戸町樫浦《かしのうら》）と対岸の小島（福島）の間には、かつて狭い海峡が通っていた。「石を投げてやっと届くくらい」の距離で、以前は小さな渡し船が往復していた。しかし昭和四十六年に海

向島の遠景（中央の入江は上波止。手前は樫浦の町。奥の島は松島）

峡の埋め立て工事が完成し、現在はひとつながりになっている。

瀬戸家船の拠点というのは、その福島の海峡沿いに細長く延びていた。通称「向島《むこうじま》」地区。たしかに「冬の北西の風にも、台風時期の南西の風にも、ここだけは大丈夫」というだけあって、半島と小島に守られ、長らく身を潜めるようにして生きてきた。ここには、かつて上波止、中波止、下波止の三つの船だまりがあった。それが海峡の埋め立てで大半は姿を消し、今日残るのは北側の上波止だけである。今やひっそりと静まりかえり、どこにでもある小さな漁村と何ら変わりないが、しかし時代を少し巻き戻せば、一般の漁村とは少しばかり異なる光景と喧騒に出会えるはずだ。

瀬戸家船が姿を消して、もうどのくらい経つだろうか。家船とは、家族ともども小船を住居に漂泊・移動しながら漁をする集団のことだった。だから船住まいをやめて漂泊性を失えば、もはや家船とはいえなくなる。向島でそんな家船が細々ながらも確実に息づいていたのは、おそらく戦後の昭和二十年代まででではないかと思われる。地元の古老の何人かは「昭和二十八年ごろ、カミハトで二、三艘、船住まいの人を見たことがある」と語っていた。一方で「いや、昭和三十年代まで（隣村の）雪浦まで来ていた」とか「たしか昭和四十年代の初めの頃にも見たような気がする」といった声も聞かれる。

家船の終焉といっても、いきなり長期漂泊を打ち止めにしたわけではない。漂泊日数や遠方への出漁を少しづつ減らしながら陸上がりしていった、というのが実情らしい。その陸上がりも、実は明治時代から始まっている。それから長い時間をかけ、家船の灯は徐々に消えていったわけだ。だから家船の正確な終焉時期というのは、語る人によって差が出てくるのである。

いずれにしろ、家船の「英雄時代」を生きた人は、今日もういない。その後のいわば「移行期」を知る人も、ほんのわずかである。ここでは、そんな記憶のかけらを拾い集めることより、まずは現在の向島の漁師の姿に寄り添うことにしたい。そこから、往時の家船の面影も浮かび上がってくるかもしれない。ちなみに、向島漁師の本格的なモノグラフ（漁業誌）というのは、意外なことに、これまで作成されていないように思われる。肥前家船の本拠地なのに、だ。おそらく、「外部」に対してガードが固かったことも関係しているだろう。だから、いっそう彼らの話が聞きたくなるのである。

◆「ホコ突き」漁の実際

藤川健次さん。昭和二十四年生まれ。今日の向島を代表する漁師である。彼の漁は大きく分けると、寒い季節は「ホコ（銛）突き」、暖かくなると「潜り」（潜水漁）ということになる。これに加えて、短期間だがイシダイの延縄《はえなわ》漁が入ってくる。

以前は網漁もやっていた。たとえば、秋の産卵時期に合わせてのボラ網、同じく秋の月夜の晩に浜に上がってくるキビナゴを狙うキビナ網、さらに同時期のカマス網などだ。ほぼ九月からその年の暮れまで。いずれも藤川少年の記憶の底に張りついている。しかし、これらは一九六〇年代を最後にすっかり姿を消してしまった。その少し前には、特異な漁であるカズラ網もなくなっている。網漁というのは集団を組まなければできないのである。

藤川さんはいま、「藤栄丸」と「しげ丸」という二つの船を使い分けながら単身で漁に出ている。重ねて言うが、ここで注目すべきは、「ホコ突き」と「潜り」が彼の漁の中心をなしているということだ。一本釣りはやらない。これこそ向島家船の伝統的な漁業なのである。これまで積み上げてきた様々な漁を振りすて、最後に残ったのが、やはり家船本来の漁だったというわけだ。これを彼は「根つき商売」と呼んでいる。アワビ、サザエ、ナマコといった「根についた品物」を獲るからだ。根とは、ここではハエ（岩、瀬）のこと。少し詳しく見ていこう。

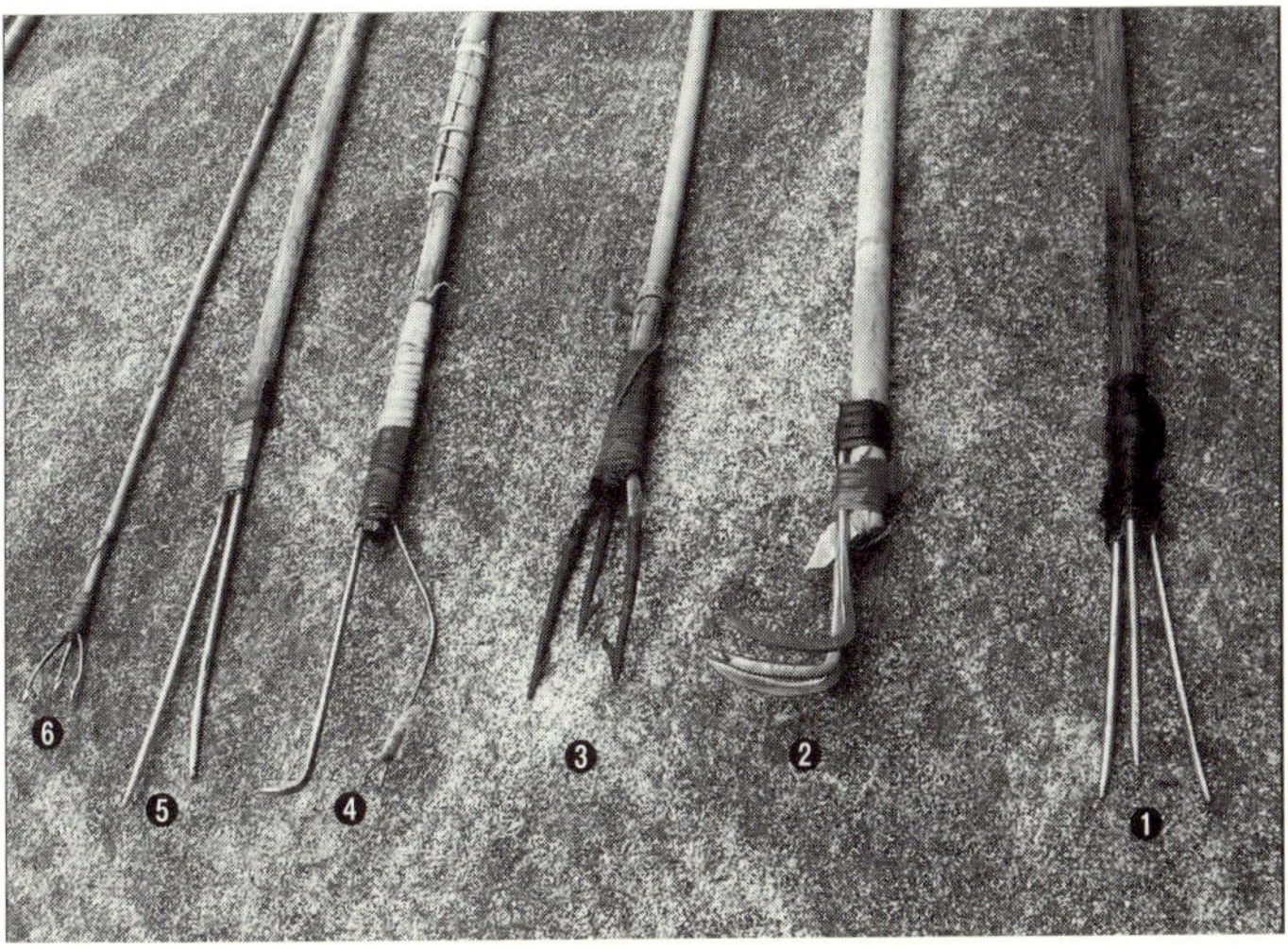

藤川さんが使うホコの数々

まず「ホコ突き」である。

これは十二月下旬から四月までの、ほぼ冬の期間の漁だ。というのは、十月三十日から十二月二十日までがアワビの禁漁期間になるので、これが終わってからのスタートになる。この漁で、藤川さんは実に六種類ものホコを使いながら獲物をねらう。貝や魚の種類に合わせて使い分けるのである。ホコの先は鉄製で、柄は竹でできている。長さは合わせて三ヒロ半というから約六メートル。かなりの長さだ。

ホコはすべて手作りである。まず「電線の太かやつを買ってきて、叩いて、ヤスリですって」形を整えていく。その叩く音が余りにも大きいので、人の来ない山小屋へいって作業したという。柄の竹も「オナゴ(女)竹の上等のもので、よく実の入っているもの」に限る。これを七輪の炭火で炙ったり冷やしたりしながら真っ直ぐに延ばす。「こんなホコ、他に持っとる者はおらん。第一、どこにも売っとらんし、だれも作りきらん」という自信の作である。

六種のホコのうち、一番手のこんでいるのがアワビ獲り用のホコ（写真❹）。貝を岩から起こす「L」字形のカギと、貝を突き刺す二又の鋭い針を、背中合わせに合体させたものだ。突く、といってもできるだけ貝をキズつけないように端っこをねらう。これは藤川さんが改良を重ねた末にたどり着いた漁具である。もうひとつ、アワビ用として、貝を挟んで引き上げる二又の道具もある（写真❺）。一番よく使うホコだ。これと似ているが、サザエを挟むホコは三又になっている（写真❶）。一方、魚を突くためのホコは二種類（写真❸❻）。前者はキッコリ（シマダイ）、ヒラメ、カサゴといった比較的大きな魚用で、後者はアラカブ、メバル用だという。いずれも先端が三又になっていて、返しがついている。さらに、延縄のエサとしてガゼ（ウニ）を獲る道具もある（写真❷）。ガゼカギともいう。

これら六種類のホコを一挙に見せられて、その用途を言い当てるのは至難のわざだろう。しかし藤川さんのなかでは、海中の様子に合わせて即座に反応できるようになっている。漁具の使用は陸上の狩猟具をヒントに始まった、という説に従えば、ホコやモリなどは最も古い漁具の一つということになる。その今日の姿がこれだった。あまり変わっていないと言うべきか、進化したと考えるべきか。ちょっと感慨深いものがある。

船の上から海中を探るのに欠かせないのが「箱メガネ」。それはホコ突きの代名詞になっているくらいで、両者は切っても切れない関係にある。六十センチ四方ほどの箱形の道具で、そのま

「藤栄丸」（左）と「しげ丸」（右の船の左舷に櫓が積まれている）

箱メガネを手にする藤川さん

ま持てばかなり重いが、海面に浮かべると意外に軽い。底のガラスを通すと、不思議に海の中がよく見える。とくに冬の海は透明度があって、十～十五メートルぐらいは可能だという。

藤川さんが一人で海に出るようになって、かれこれ三十年になるだろうか。

まず、左手で船外機を操って漁場へ向かう。目的地に着くと、そこがヘタ（陸地の近く）ならエンジンを止める。沖合ならエンジンはつけたまま。そして左手で箱メガネ、右手でホコを扱いながら漁をするのである。つまり彼は終始、船のトリカジ側（左舷）に身を寄せて作業をするわけだ。以前、櫓のある時代は二人で船に乗っていた。もう一人は「トモ押し」といって、船尾で櫓をこぐ役目を担った。それはお祖父さんであったり、時にはお母さんであったりした。この時は反対に、藤川さんはオモカジ側（右舷）で作業をする。今日、櫓のついた船などまずお目にかかれない。

けれど藤川さんは、常に一本の櫓を船のトリカジ側に載せている。「万が一、エンジンが故障したら」と考えるからだ。向島の船溜まりで彼の船を見つけようと思えば、櫓を積んだ船を目あてにすればいいのである。プラスチックの船に、樫の木の櫓――。何となく不釣り合いな光景だが、それは伝統漁師を支える一本の背骨のようなものである。

◆潜りとアワビ

ホコ突きは冬の漁であった。「寒か時期、アワビは岩の上に這い出てくる」からである。それとは反対に、暑い時期は「アワビは外にはめったに出てこん。岩の天井に張りついとる」。だから、夏期はどうしても潜らなければならない。獲物の生態に合わせて、漁法も変わるのだ。「ホコ突き」に対して、「潜り」はさらにシンプルである。

毎年、四月二十日ごろに「ウニのクチ」というのがあって、この日から一斉に潜りが始まる。「磯の口明け」のことだ。「ウニ」とはいっても、藤川さんが狙うのはもちろんアワビやサザエなど。「男はウニは獲らん」と彼はいった。ウニ獲りは女の領分なのである。といっても、ここには女の潜り（海女）はいないから、彼女らは磯の浅いところを回るだけになる。

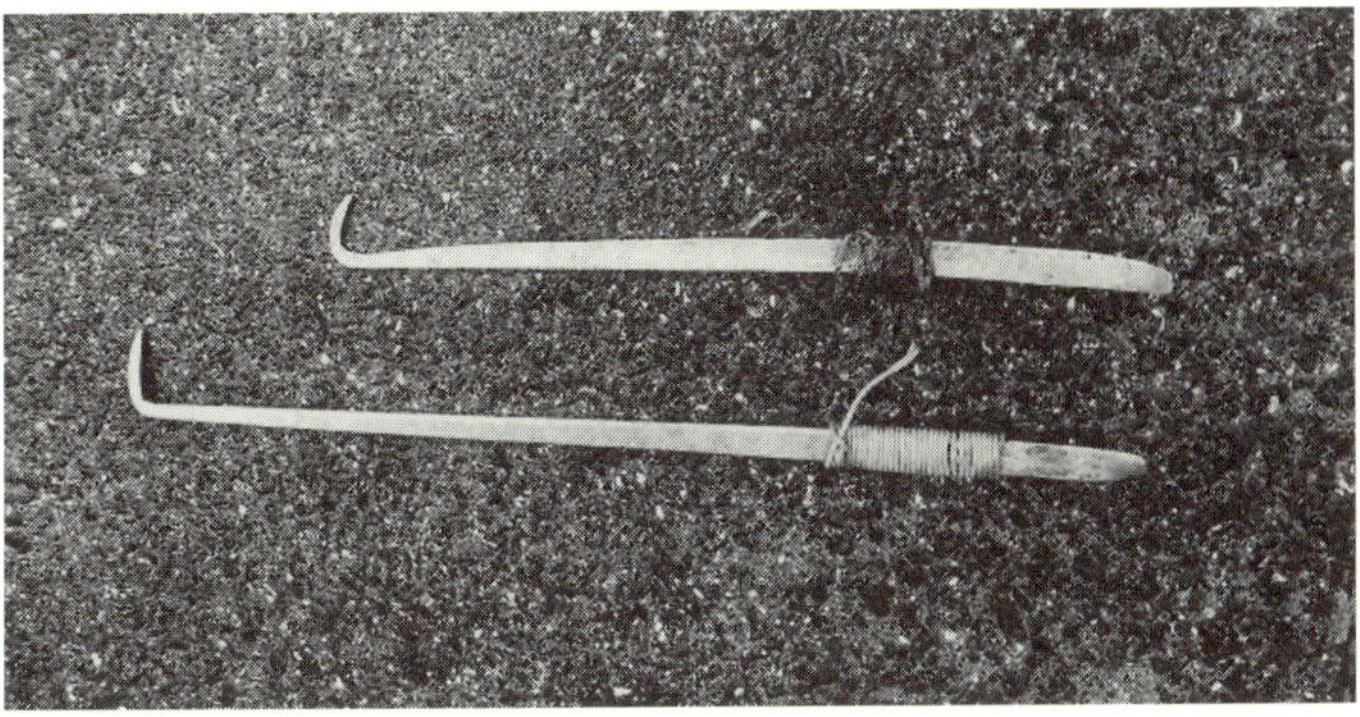

藤川さんが使うイソカギ２本

潜りに使う漁具は、まずイソカギ。「L」字形の鉄製で、岩にぴったり張りついたアワビをこれで剥がす。昔は「ジガネ」と言っていた。他の地域では「カギ」とか「アワビオコシ」とも呼ばれている。

藤川さんは二本のイソカギを持っている。一メートル近くのものと約六十センチのもの。長いイソカギは穴の中にいるアワビを獲るのに使う。以前は鍛冶屋に頼んでつくってもらっていたが、現在は店で売っているのを買ってきて、自分が使いやすいように加工する。「アワビも人間見たら穴ん中へ入り込むけね。まあ、イソカギは昔のまんま。これ一本あればええ。夏はあまり道具はいらん。テレビの『あまちゃん』といっちょん変わらんよ」。たしかに、北の海女も古代の海人も、同じようにアワビオコシを使っているが、ただその形態や素材は地域によって差がある。「L」あるいは「く」の字型のものは、主として九州西北と山口県の沿岸に多く見られるようだ。

イソカギはアワビを起こすだけではない。実は、もうひとつの使い道がある。潜って獲物を見つけても、息が切れそうになったり、思うように剥がせないことがある。その時は、イソカギを目印に置いて、いったん海面に上がり、息を整え、再び潜っていくのである。ステンレスのイソカギは海中で光るから、すぐ分かるという。

潜りの装いも簡単だ。以前は、もちろんハダカ潜りだった。現在はウエットスーツを身につけている。これが入ってきたのは、藤川さんが二十代の頃という。黒色でゴム製。俗に「ダッコチャン」と呼んでいた。六十年代にブームを呼んだ黒いビニール人形に似ていたからだ。ただ「ウエットスーツはゴムで浮きやすいけん、鉛をつけんと、人間沈んでいかん」。そこで鉛を腰のバンドに六〜八個つける。一個が一キロだから、かなりの重さである。バンドには、「タブ」という袋も結んでいる。獲物を入れる網袋で、直径四十センチほど。藤川さんがイワシ網を利用して自分でつくった。もうひとつ、潜りにはメガネが要る。かつては真鍮を顔に合わせて作っていた。今は、おなじみの左右がつながった一つメガネである。

「潜りは十六歳からやね。三十前後のころは相浦（佐世保の北方）の先の方まで行きよった。何といってもタキゼが一番やったな。海ん中に沈んで見えんけんども、波の具合でわかる。アワビやサザエが船に積めんごとおった。海の底は冷たかよ。川水の流るるとこは特に冷たか。だからハダカ潜りの時代は、夏でも火に当たりよった。船の上で。船に木を積んでいって、四角い一斗缶を切って、その中で火を燃やす。それで暖まっと。どれくらい潜るか？　さあ、今は最大五、六メートルぐらいかな」

ところで、潜水することを一般的に「潜る」というが、ここら一帯ではそれを「スム」とも言っていた。たとえば「ヒトカシラ、スモうか」というふうに。ヒトカシラとは、海に飛び込んで何回か潜りを繰り返し、また船に上がるまでのこと。つまり一作業の単位である。藤川さんは、だいたい一日に三カシラほどだという。

もう一つ、「スム」という言葉のほかに、同じ意味で「カツグ」という言い方もあった。すなわち「潜る」を意味する語に「スム」と「カツグ」の二つの言い回しがあるということだ。問題はその分布である。ざっというと、「スム」は九州と南島が濃密であり、「カツグ」はほぼ日本本土を覆っている。これをどう考えればいいのか。九州では両者が入り交じっているわけだが、気になるのは、「カツグ」が壱岐、対馬から九州西岸にかけて分布していることだ。また相模湾や志摩半島など太平洋側にも見られる。ここから、「スム」という語の方が基層的な言葉であり、「カツグ」は比較的新しく、後から入ってきたことばではないか、という見方も出されている。ともかく瀬戸家船は「スム」という方言圏に属していることを確認しておこう。

向島の潜りは基本的にはこれで足りるのだが、藤川さんは、実はもうひとつ独自の道具を船に積み込んでいる。「ハヤ」と呼ばれるものだ。長さ二メートルほど。夏用のホコである。向島でこれを使うのは、今や二人だけになってしまった。

このホコの特徴は、直径三十センチほどの輪ゴムが一方の端についていること。その輪ゴムを柄と一緒に持って、目いっぱい前方に引っ張り、ぎりぎりのところで柄を離して海中に発射するのである。いってみれば、ゴム鉄砲。これが意外に使いやすいという。ねらうのはキッコリ、メバル、イシダイ、ブダイといった魚だ。ホコの先端にはカガリメ（返し）が二カ所、互い違いについている。このホコは常に船べりに置いているから、必要とあらばいつでも海から手を延ばしてイソカギと取り替えることができる。

こうした潜り漁は、四月の「ウニのクチ」から始まって十月いっぱいまで続く。先に出てきたように、夏のアワビは「岩の中に隠れている」からである。そのアワビも、近年目に見えて減ってきた。「以前はアワビの巣がそこら中にあって、それを『アワビ家』といいよったが……。今はそげんとこ、どこにもなか」と彼は顔を曇らせる。

アワビというのは、磯の獲物のなかでも一番重要なものであることは言うまでもない。それも圧倒的に。アワビは海中のハエに張りつくダイヤモンドなのだ。ただ一口にアワビといっても、いろいろある。藤川さんはアワビをどのように識別してきたかについても聞いておこう。それは大きく分けて次の四つの種類から成るという。

▽オーギャ（オガイ）
▽メーガ（メガイ）
▽マタ

▽ネズゴ

「オガイ」はクロともいわれる。普通、アワビといえばこれを指す。分厚い貝で、他とは値段が違う。一番大きいもので厚さ十センチ、長さ四十センチにもなる。藤川さんが獲ったもののなかでは一キロ三百グラムが最高。松島近くのサコ（岩と岩の間。割れ目）にいたという。二十歳ぐらいの時だ。「メガイ」は幅は広いが薄い。値段もオガイの三分の一程度という。「マタ」は、藤川さんの言によると「アワビのなかで最低。オガイとメガイの相なかで、厚いけんどもメガイより安い。身が硬うして、殻もウサン（小汚い）かと。磯場が悪かところにおっと」ということだ。「ネズゴ」はトコブシのことで、一番小さい貝である。今日、長崎県では十センチ以下のアワビ捕獲は禁止されている。

最後に、「根つき商売」ではないが、藤川さんが現在行っているイシダイの延縄漁についても簡単に見ておきたい。

彼が持っている二つの船のうち、延縄漁には、大きい方の「藤栄丸」を使う。もうひとつの「しげ丸」はホコ突きと潜り用である。延縄漁の期間は、九月中旬から十一月まで。場所は潮によって変わるが、沖ノ島、池島、母子島、松島付近の海が主なところ。最大で全長五百メートルくらいの幹縄に、三十五本から四十本のミチイトをたらし、その一つ一つに約四十個の針を取りつける。それを海中に仕掛けて、二十分くらいで引き揚げるのである。この時、エサになるのが

「ガゼ」と呼ばれるウニの一種で、これも藤川さんが自ら獲ってくる。そのガゼのヘソの部分に針がけをする。

「初めは小魚がエサをねらってくる。それを目ざして、タイがやってくるわけよ。どこに縄を延えるかは、潮の流れと風向き、それに海底の状況で決まる。海ん底のことは、潜ったことのあるもんでないと分からんよ。イシダイのたまる岩というのがあって、そこを『イオン家』(魚の家)と言いよった。イシダイは必ず『イオン家』をもっとる。まあ、逃げ穴やね。とくに沖ノ島。必ずそこに集まっとたい」

◆消えゆく伝統的漁業

以上、藤川健次さんによる「ホコ突き」と「潜り」の実態を少し詳しくたどってきた。冬の漁と夏の漁、突く漁と獲る漁。これらの漁は、おそらく何世紀もの間、変化らしい変化はなかったと思われる。漁法がシンプルで、それだけ自らの身体性に頼る度合いが大きい。しかもホコ突きと潜りは、ほとんど一体化している。アワビ目当てで潜っている最中にめぼしい魚を見つけると、一転して「ハヤ」という発射型のホコを使うことをみてもそれは明らかである。これこそ家船ならではの漁というべきだろう。

しかし、そんな向島漁師の伝統も、いまや風前の灯の状態だ。今日、潜りに出ているのは、藤

向島の入江（上波止）

川さん含めてたった三艘。ホコ突きの方は五艘。向島の波止には大小たくさんの船が浮かんでいるが、ほとんどが瀬渡しや釣り客を乗せるための船だ。家船が消えて半世紀余り、その漁法も消えかかろうとしているのである。

いくつかの理由がある。

ひとつは漁場の問題だ。これは後ほど触れるが、藩政時代、瀬戸家船は大村藩から特別の庇護を受けていた。その後も慣行的漁業権によってかなり広範囲に出漁できたのだが、戦後（昭和二十四年）成立した新漁業法で、その漁場は「地先」だけに封じ込められてしまった。しばらくは「浦ば請くる、という形で、お金払って権利ば取ってしよった」というが、それも次第に難しくなってきた。「浦請け」の時代も長く続かなかったのである。各地の浦を移動しながら「根つき商売」してきた彼らにとって、これは決定的な痛手だった。現在、彼らの漁場というのは福島の周囲と南の雪浦側の半分程度。至って狭い。福島の西隣にひと回り大きい島（松島）があるが、ここにも入ることはできない。具体的にいうと、両者の間にある瀬のうち、ウス瀬とネズミ瀬までは瀬戸側のエリアだが、ワリ瀬とコウ瀬は松島のもの。つまり、この間が両島の境界になっている。

もうひとつの理由は、彼ら漁師たちのいう「磯焼け」現象だ。

「もう十年になるかな、アワビもサザエも獲れんごとなった。おっても身が入っとらん。第一、エサになる海藻がおらんごとなったも。以前、夜に行くと、アワビが盛んにヒジキやアオサを食べよっと。カイコが葉ば食うのと同じじゃね。その海藻が、もうおらん。潜って岩のなかに稚貝を放流してもダメ。磯焼けかね」。アワビやサザエが食べる海藻、それが激減しているのである。加えて、海底のサンゴ礁化も目立ってきた。「松島の火力発電所の近くや沖ノ島にもサンゴが出来てきた。だんだん沖縄のごとなっとる。真っ赤な、きれか魚が多なったもな」。温暖化現象との関係も指摘されるが、もうひとつはっきりしない。

「そのうち、根つき商売する人は、おらんごとなるね。ウチ（自分）らがおらんごとなったら、後する者はもう出てこん。食われもせんし。この仕事は、あと何年かで間違いなく消えてしまうね。まあ、遊び程度の潜りはでくるだろうけんども、箱メガネで獲るっちゅうのはでけんよ」

たしかに、残念ながら藤川さんらの後に続く若い漁師は育っていない。「根つき商売」するには余りにも不利な条件が重なっているからだ。あまり考えたくないが、もしかしたら、藤川さんは「最後の向島漁師」ということになるかも知れない。家船そのものに加えて、家船系漁師たちも消えつつあるのである。

◆海の民は移動する

ところで、先ほど「エンジンが故障したら……」という藤川さんのことばが出てきた。実はこれに関して、向島漁民にとっては忘れられない遭難事故が戦後まもなく起きているのである。その船には、藤川さんの父親も乗っていた。当時の新聞も大々的に報じている。その事故を簡単に見ておこう。

新聞記事によると、昭和二十二年十二月十五日夜、藤川初治さんら五人が乗り組んだ「白洋丸」が瀬戸港を発って漁に出た。ところが翌日早朝、沖ノ島西方で船は機関故障を起こし、そのまま五島方面に流された。これが漂流の始まりである。十七日明け方、船は天草から鹿児島沖へ。この時、早くも食糧がなくなり、残るは水だけになってしまった。

その後何日経ったか、魚の大群が泳いでいるのが見えたので、無我夢中で竹ざおに釣り糸を結び、十尾ほど引っ掛けた。それを「骨も残らんように、ただむしゃぶりついた」という。十日目ごろ、ついに水も尽きる。たまりかねて海水を飲み、自らの小便も飲んだが、ますますノドが渇くだけ。二十日目も過ぎ、「もう、しまいだ」と力なく体を洗い清めたら、とめどもなく涙が流れてきた。そして生死の境目にあった二十五日目、外に出ていた二人が突然「船だ、船だー」。

遭難して救助された白洋丸乗組員（上左が藤川初治さん、上右が津口善一さん）＝津口博基さん提供

米国船だった。一同旗を振り、手を合わせて拝んだ。助かったのである――。

一行が郷里の瀬戸町に帰ってきたのは、翌年の四月二十九日。どこの海域で米国船に救助され、その後の経緯はどうだったかについては、この日の新聞（長崎日日、昭和二十三年五月三日付）には書かれていない。彼らは米本国に送られ、手厚い保護を受けたことは確かなようだ。藤川さんによると「漂流のことは、おやじから聞いたことがある。ロス（ロサンゼルス）に一時おったじゃろ。ここら（五島灘）あたりで流されると、普通は日本海側に行きそうじゃが、いつも南の方（太平洋）に行ってしまうけね」ということだ。この紙面を保存していた津口博喜さんの父親・善一さんも、やはり白洋丸に乗り組んでいた。彼は「少ない食糧や水で二十五日間も何とか生き延びた。家船の衆だからこそ、その術《すべ》を知っていたのかもしれない」と、いま考えている。

そんな試練を重ねてきた藤川さん一家だが、この「藤川」という姓、向島では珍しくただ一軒のみである。聞いてみると、彼の祖父が徳島県の海部郡《かいふ》から移ってきたのだという。時期ははっきりしないが、どうやら明治末期から大正にかけてのことらしい。「海部」という地名からもわかるように、四国の徳島（阿波）も古くから海人地帯として聞こえたところだった。とくに太平洋に面した東南沿岸である。潜りが盛んで、頭に海の幸を乗せて売り歩く「阿部《あぶ》のイタダキ」はよく知られている。藤川家は、その阿波の海部郡からこの西彼杵半島にやってきたわけだ。ちなみに、祖母はここ向島の人である。

向島に移ってからも、藤川家とその周辺の動きはダイナミックだ。健次さんの記憶によると、「昔、五島には（母方の）ジイさんたちが泊まりがけで行きよった。冬だからホコ突きじゃろう。横瀬（西彼杵半島北端）というとこはバアさんがトモ押しで回っとったと聞いたな。泊まり込みで。長崎に近い小ケ倉《こがくら》にはバアさんの妹がいて、何軒か親戚もおった。ウチ（自分）も船降ろしのお祝いなんかに行ったことがあるよ」。とりわけ祖父の時代は、この地のカズラ網漁で重きを成したということだ。このカズラ網というのも、向島家船を特徴づける漁法のひとつである。これについては後ほど詳しく聞くことにしよう。

藤川家は他国から移ってきたわけだが、ここらで、九州西北海域における海の民の移住と移動について少しばかり振り返っておきたい。

この海域の漁村には、遠く紀伊や和泉、阿波方面から移ってきた人たちが数多く見受けられる。一帯の漁業は、これら大阪湾から紀伊水道、さらに熊野にかけての人たちによって拓かれたと言ってもいいくらいだ。西彼杵半島の南部に式見という古い漁村がある。ここにはツバキの葉を巻いてタバコを吸う風習が近年まで残っていた。ツバキの葉を巻くのは、もともと紀伊・熊野地方に見られる特異な習俗で、式見というところは、おそらく熊野漁民が移住して拓いた村に違いなかろうという。これは木島甚久の『日本漁業史論考』に載っている話である。

式見から南へ下って、長崎半島の先端部に野母崎《のもざき》というこれまた古い漁村がある。この「野母」という土地の由来については、次のような伝承が残っている。――昔、熊野の漁師夫婦が漁に出て遭難、この浦に流れ着いた。そこは無人の地で、しばらく二人は魚や藻をとって暮らしていた。やがて夫は故郷に帰ったが、妻の方は残り、荒野で独り住まいをはじめた。そのうち、魚のとれることを聞いた諸国の漁民たちが集まってきて、里が開けた。故郷熊野からも大勢の人が押し寄せてきた――。ここから、「野母」というのは「荒野の母」の意であるとも、あるいは「熊野の母」から「熊」を省いて「野母」になったともいわれる。たしかに、この地には古くから熊野神社も鎮座している。

西彼杵半島の西方に数珠のようにつながる五島列島にも、中世から近世にかけてさまざまな漁民が移ってきた。

宮本常一は「五島を新しくしたものは外来の文化であり勢力であった」として、和泉の佐野漁民の例をあげている。佐野といえば網漁で知られるが、彼らは小値賀《おぢか》の西の斑島《まだらじま》、福江島富江の沖にある赤島などに定住して、主として釣漁に従事した。魚目《うおのめ》や若松などの過去帳にも佐野人の名がよく登場するという。紀州人の五島進出も盛んだった。湯浅湾の奥にある広村の漁民はイワシ網漁で奈良尾《ならお》にやって来たが、のちに一部は青方に移住している。上五島の有川で鯨組を始めたのも紀州湯浅の人だと伝えられている。その真偽は別にして、近世の西海捕鯨が紀州系の突取法から始まったのは事実である。以上はほんの一例だが、九州西北海域というのは移動漁民の天国であったことがよく分かる。

◆「カズラ網」とは何か

さて、「カズラ網」漁のことである。

江戸末期の記録に、瀬戸家船の生業のひとつとして「葛網」が出てくるので、ここらあたりではかなり早くから行われていたらしい。ただし、集団による大規模な漁だから、ホコ突きなどよりずっと新しいことは間違いない。

カズラ網といっても知る人は少ないだろうが、実は「追込漁《おいこみりょう》」の一種であり、細々ながらも全国各地に点々と分布している。追込漁とは、その名の通り、魚を脅して目的の網に追い込み捕獲する漁のことである。「始原的な漁法」といわれる所以だ。

では、向島のカズラ網は実際にどんなものだったのか。この漁法は昭和三十年前後まで何とか

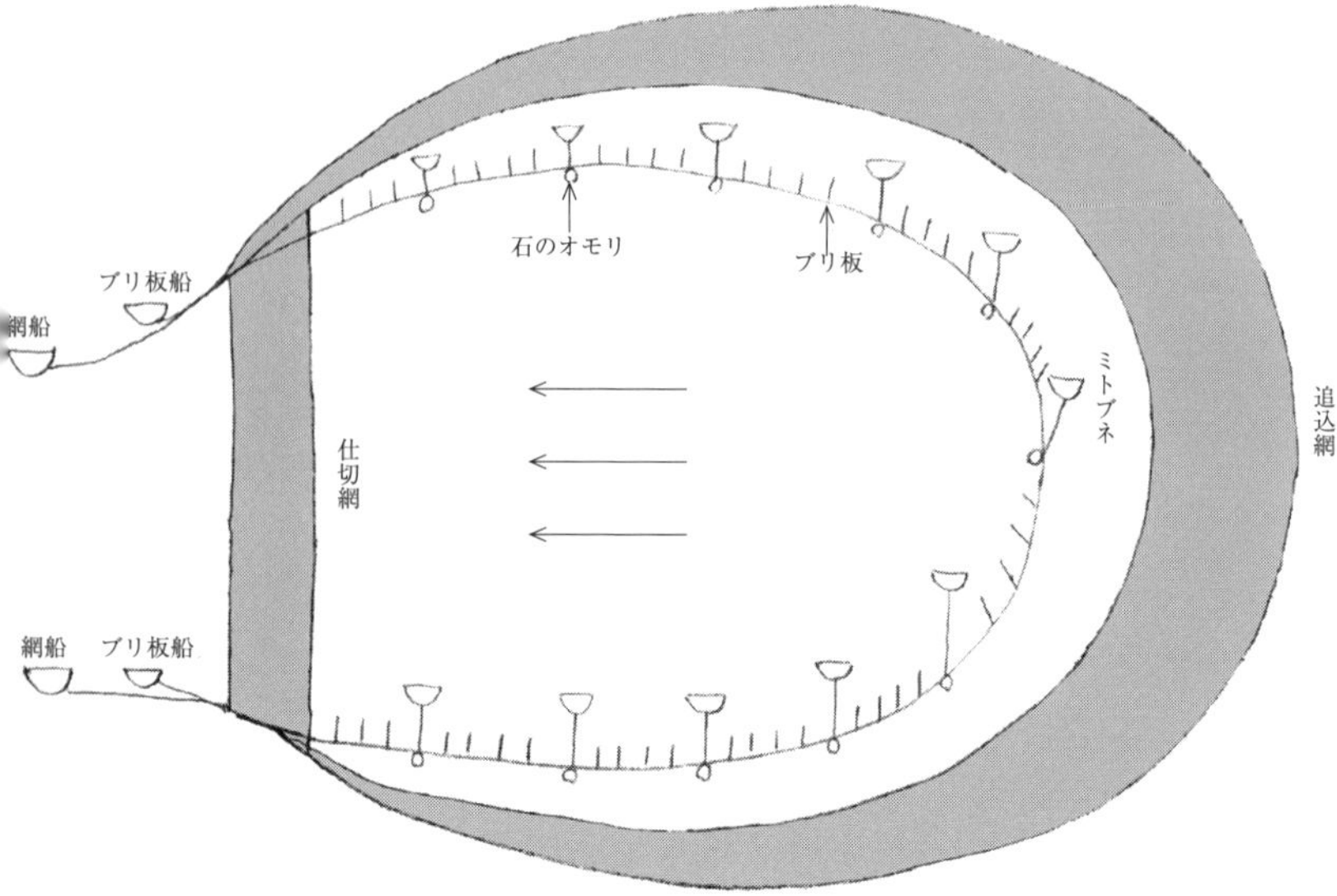

カズラ網の模式図（原図・淵瀬政美氏）

行われていたが、その後は途絶えてしまったという。すでに半世紀以上たつが、淵瀬政美さん（昭和十二年生まれ）は当時の模様を鮮明に覚えている。「始原的な漁法」とはいうものの、その仕掛けや手順はかなり複雑だ。幸い淵瀬さんが概略図を描いてくれたので、ここではそれを見ながら話を進めていくことにしよう。

まず、脅しの道具として白い板を数十枚ほど用意する。これを「ブリ板」という。ぶれる（動く）からブリ板ということらしい。大きさはタテ一メートル、ヨコ十センチほど。細長い形をしている。これを数百メートルの長さのロープに取り付け、同時に人間の頭大ほどの石もぶら下げる。石は重りである。このロープを海中に落とすと、ブリ板は軽いのでロープの上に立ち上がってヒラヒラなびく。これで魚を追い込むのである。

この作業にかかわる船は約十艘。一艘に二人が乗り込む。一人は櫓をこぎ、もう一人は重りのついたヒモを上下させながら水深を計る。中央に「ミトブネ」というのがいて、これが指揮船である。ロープを一斉に引いていって魚を陸側の浅瀬にある程度追い込んだら、これを外す。ロープは真ん中あたりで外れるようになっている。

この時、すでに前後には魚が逃げないように網が張られている。前方の陸側に仕切り網、ロープの後方には袋状の大きな網。双方で魚を挟みうちするわけだ。このうち大事なのは後ろの袋網だ。ここに多くの魚が乗るのである。この網を引く船は別にいて、前方に二艘。一艘に五、六人。淵瀬さんはこの網船に乗っていた。十七、八歳のころ。

「指揮をする人が『魚が網に入ったぞー。袋に入ったぞー』と大声で合図をするんです。そして『いま網を揚げろ』とね。ブリなどの魚は網の上を逃げていくが、タイやヒラスは網に入る。それまで漁師は海には入らないけれど、水深が十五メートルぐらいになって初めて何人か海に入る。網に魚がちゃんと入っているかどうかを確かめるためですよ。ええ、ここでは沖の方から陸側へ魚を追い込んでいく。どこに網を入れるかは、ミトブネの人が決めるんです。カズラを引くブリ板船と網を引く船、これは全然別々です。いやいや、大変な作業でした」

つまり、ロープに結んだヒラヒラする白い板で魚を脅し、さらにその背後から網を入れる。前方にも仕切り網。この二つの網で魚を追い込むのだ。昭和二十年代、そのロープには、おそらくシュロ(棕櫚)綱を使っていただろうという。漁の期間は十月から次の年の四月ごろまで。タイを中心に、イッサキ(イサキ)などもねらった。動員される船は総計で十二、三艘。家船としては珍しく大がかりな漁だったことが分かる。

向島のカズラ網の漁場は、福島のすぐ南にある天下島《てんかじま》あたりが中心だったらしい。その島の南の沖で網を投入し、島の手前まで引いてくるのである。網を入れる場所は、淵瀬さんの記憶によれば「大立島と松島が重なるライン、それと天下島と光明寺が重なるライン、この二つが交差するところ」ということになる。大立島は鱁浦島《かきのうらしま》の西方にある小島、松島は福島のすぐ西隣の炭鉱で知られた島、光明寺は市役所裏の丘の上に建つ真宗の寺。これらの目印を結びながら海上の一点を決めるわけである。いわゆる「ヤマアテ」という方法だ。

このほか、近いところでは、小角力《こずもう》という島から神浦《こうのうら》へ向かってよく網を引いた。以前は柳（多以良《たいら》）や池島あたり、さらには長崎半島南端の野母崎まで出漁したこともあるという。一方、西彼杵半島北端の面高《おもだか》あたりは、瀬戸家船の流れをくむ鱁浦家船（鱁浦島）の縄張りだったらしい。そんなカズラ網も、やはり戦後の漁業法改正で漁場が大きく制限されることになった。長年の慣行的漁業権が認められなくなったからである。「根つき」漁業のところでも述べたが、それは古くからの専業漁民にとって「冬の時代」の始まりを意味した。

◆二つの追込漁は出合ったか

カズラ網というのは追込漁の一種だった。川島秀一氏の『追込漁』によると、わが国にはこのカズラ網型と沖縄型の二系統の追込漁があるという。

よく知られているのは、やはり糸満を中心とした沖縄型の方だろう。これは漁師自身が海に潜り、クバの葉などで魚を脅しながら袋網に追い込む方法である。この「アギヤー」と呼ばれる大型追込網漁が成立したのは意外に新しく、明治の半ばあたり。かれら糸満漁師は「イチマナー」と呼ばれ、足跡は日本本土のみならず遠く東南アジア、ミクロネシアにまで及んでいて、進取の気象に富んだ人たちの代名詞になっているくらいだ。

一方のカズラ網。しかし、歴史は断然こちらの方が古い。すでに鎌倉時代の文献にそれらしき様子が描かれているという。向島でも見たように、この漁は海に入るのではなく、板切れなどを何枚も綱に吊るし、これを左右二つの船で引きながら魚を追い込んでいくのが特徴だった。分布は、川島氏の作った全国地図をみると、やはり九州の西海岸が比較的濃密である。

そのなかに「家船漁師の追込漁」というのが出ている。場所は五島列島・福江島の樫ノ浦とある。向島の対岸も樫浦と呼んだが、こちらは五島の樫ノ浦。ここは明治二十年代、先に出てきた蠣浦島の家船から分かれた人たちが開いた村だった。瀬戸家船のいわば孫村にあたる。その彼らが、かつて「イサブリ」と呼ばれるイッサキの追込漁を行っていたというのである。すなわちカズラ網漁だ。

その漁法は向島のものとは少し様相がちがっている。前方にミチ網と身網を張り、それに向かって船で魚を追い込むのだが、その時「チン」という名の珍しい道具を使う。チンとはロープの先にチェーンを取り付けたもので、これを海底の岩にぶつけて音を出し、それで魚を脅すのである。それぞれの船がチンを海に垂らすので、ロープを水平に引いていく通常のカズラ網漁とは異なっている。むしろチンは、糸満の漁師が使う「スルシカー」という木の葉を吊るした脅し縄とどことなく似ている。そこから「樫ノ浦近辺に住んでいた沖縄漁師からの影響も考えられる」と川島氏は指摘している。

樫ノ浦は、五島の中心である福江の街の少し北に位置し、近くには終戦時まで沖縄の漁民が住んでいたという。たしかに糸満の追込漁が、古くから本土に伝わるカズラ網漁に影響を与えたとしても不思議ではないだろう。五島列島の北東部にある小値賀島には、かつて多くの糸満漁師が押し寄せ、小屋掛けしながら長期にわたって漁をしていたことが知られている。九州西北海域における糸満漁師の拠点が、この小値賀島だったらしい。そう言えば、向島近辺にも沖縄の漁師の影がちらついているのである。

「以前、こっちのカズラ網が終わったころ、糸満の人がきよった。小船で十四、五人。暖かい時期ですよ。沖ノ島あたりを基地にして、船に寝泊まりしてね。潜って泳ぎながら、シュロの葉や鎖（チェーン）やブリ板を使って音で脅すわけ。こっちもちょっと真似してやってみたけんど、いやー、泳ぎながら魚を追うのは大変だった。サザエも獲りにきよった。潜りにね。その時分は（漁場については）やかましゅうなかったからね」

沖ノ島は別名・大蕃島《おおびき》。池島の南西にある小さな島で、向島にとっては大切な漁場だった。そんなところにまで糸満の人たちはやって来ていたのだ。向島のカズラ網は、作業の最後の段階で一部の漁師が海に入っていたが、もしかしたら、これなども糸満と何らかの関わりがあるかもしれない。あるいは、もともと潜りは向島漁師の得意技だったから、影響関係はないと考えるべきか。いずれにしろ、九州西北の海域で二つの追込漁は交わっていたわけだ。肥前系の家船漁師と沖縄の糸満漁師の親近性が、そこから十分くみとれるだろう。

◆消えた漁——ボラ網

カズラ網は「消えた漁」であった。同じように、向島で今日見られなくなった漁の多いことは最初にも記したが、とくに中波止の人たちにとって忘れられないのが「ボラ網」だ。藤川さん、津口さんたちの少年時代、盛んに行われていた。家船本来の漁ではないが、これにも触れないわけにはいかない。

ボラ網の時期は九月末から十一月初め頃まで。ここらでは、ツワブキの黄色い花が咲く時期と重ねて記憶されている。「ツワの黄なか花の色と、カラスミの色がいっちょ変わらん」からである。カラスミは、言わずと知れた長崎の名産。ボラの卵巣を塩漬けにして乾燥させたもので、珍味、高価。酒のさかなとして人気が高い。ボラ網というのは、ボラ本体ではなく、実はこのカラスミがお目当てなのである。向島のなかでは中波止のみがこの漁を行い、長崎県におけるカラス

昭和30年代後半の中波止地区＝津口博基さん提供

ミの重要な供給基地になっていた。

　ボラは、まず天草方面から野母崎沖を通って、一週間後にはここ西彼杵半島にやってくるという。「トンバンサン（遠見山）に山見がおって、ボラが来よるぞ、という知らせが入る。手旗信号やったかな。この頃のボラは産卵期で、腹が赤くなっとる。それを指して『色もっておる』と言いよった。ボラは長崎県止まりやけね。上方には行かん」。その群れを船二艘で円を描くように囲み、網に巻き込むのである。網にかからないボラは頭を突いた。「ボラは飛ぶとよ。トビウオは水平に飛ぶが、ボラは一メートルぐらい跳ねる。真子の入ったボラは重たかけん、腹ば打って飛びよる」と藤川さん。

　この中波止地区、土地では「ナカバト」と濁って呼ばれるが、他の上波止、下波止とは少し集落の性格が異なっていた。他の二つは、多くの漁村の例にもれず「網元」を中心に運営されていたが、中波止だけは「民主的・共和的」とも言うべき団結を維持してきたのである。平等で、横のつながりが強かったというのだ。ここでは、それを象徴的に「七福者」と表現している。漁のことは七人衆が合議で決める、ということである。具体的には、海林（三軒）、津口（二件）、藤川、雲見の七軒だ。うち海林、雲見家は今日、大阪と名古屋に移ってしまった。津口さんは「この時代、網元制ではなく合議制でやるという発想がすごい。ナカバトはコマか港やったが、まとまりがあった」と振り返る。

ボラ漁のなかでも、藤川、津口少年にとって一番の思い出は「ニゴイモ」のことだ。これに話が及ぶと、二人はほとんど身もだえせんばかりに語りだす。

ニゴイモとは、いわば船内のまかない食のこと。「まあ、昼ご飯代わり。これがベラボウにうまかった」という。材料は、真子を抜いた後のボラの身、バリ（アイゴ）という魚、それにカライモ（サツマイモ）。これに醤油を加え一緒に煮込む。それも普通の鍋ではなく羽釜で煮た。船が揺れてもこぼれないように、と。「ボラの脂がカライモにからんで、甘じょっぱい（甘くて塩っぽい）味が口中に広がる。オンジ（おじいさん）の船が波止に帰ってくるのを待ち構えておって、食べ残したシナをもらうわけよ。やっぱりカライモでないと、この味は出せん。ジャガイモやサトイモではダメだ」と津口さん。

漁を終えて波止に帰ってくるボラ船、その船めがけて一斉に駆け寄る子供たち――。そんな姿が夕闇のなかから影絵のように浮かび上がってくる。家船の時代はほとんど終焉を迎えていたが、この光景は、おそらく中波止にとって最後の光芒ともいうべきものだったにちがいない。

◆「キノコ雲」から「流れ船」まで

ここまで、ホコ突き、潜りを中心に、カズラ網、ボラ網といった瀬戸家船の漁をざっとみてきた。いずれも男たちの世界である。家船というからには、どうしても女性にも登場してもらわねばならない。野川好江さん。昭和九年生まれ。実は彼女、子供のころ船に乗っていて、あの衝撃的な出来事に遭遇しているのである。

昭和二十年八月九日の午前十一時ごろ。瀬戸から少し南に下った黒崎の沖で、野川さんは家族とともに漁をしていた。お父さんは潜りの真っ最中。彼女も海中にいたが、「昼ご飯やけ、はよ上がれ」というお母さんの声で、ちょうど船べりに上がったところ。その時、突然、南東の上空に異様な雲が立ち登った。

「キャベツの花を吊ったような形やったね。わたしゃ『熱っ!』ていうて、とっさに海に飛び込んだっちゃね。よく覚えてるよ。熱さが全然違うとったも。普通の火の手の熱さやない。あ、もちろんハダカ潜り。あれが原爆だなんて、その時わかるもんですか。その晩は、たしか式見か神浦に泊まったかね」

野川さん、十一歳の時のこと。原爆は長崎市の上空約五百メートルで炸裂した。その長崎市と黒崎の間は直線距離にして二十キロほど。家船の上から見たキノコ雲は「今でも、忘れられん」

という。

当時、野川さん一家の船は長崎湾入り口の小ケ倉という港を基地にしていた。向島の下波止に家はあったのだが、時々「カセギ」に出ていたのである。藤川さんの話にもあったように、小ケ倉には瀬戸家船から移った人もいて、つながりは深かった。彼女も小ケ倉の親戚の家から小学校に通ったという。野川さん一家は、いわば陸上がりした家船ということになるだろうか。

原爆に遭った時は、たまたま夏だったので小ケ倉にいたが、冬になると、一転して西彼杵半島北端の面高方面に出かけた。つまり半島西岸のほぼ全域が一家の漁場だった。「冬はカミ（北）、夏はシモ（南）といいよったけね。夏は潜ってからアワビやイセエビを獲ったけんども、冬は潜られんけん、箱メガネですよ」。夏は潜り、冬はホコ突きというのは、現在の藤川さんの漁と同じスタイルである。港々に入ると、物々交換のため近くの農家を訪ねた。母が魚の入ったメーゴ（竹カゴ）を天秤棒につるし、その後を彼女が付いていく。「また来たね。茶ば飲んでいきなっせ」という農家の人の優しいことばを覚えている。

楽しいこともあった。「流れ船」のことだ。大人になってからの話だが、夜になると、「好いた男と一緒に」向島の波止に浮かぶ船を無断で失敬して、海上散歩と洒落込むのである。

「あれはイキやったね。この湾を流して、あっちうろうろ、こっちうろうろしてね。櫓はたまに使うだけ。船がぶつからん程度にな。わたしゃ、オジさんの船ならよかったいと思って、勝手に船を出したけんども、後から『また使うたかい』と怒られよったよ。いやいや、二人きりやなか。ほかにも何組かおった。ほんとに。じゃから、まあ、ハナシするぐらいかね（笑）」

この「流れ船」の話、実は男の老漁師たちも何人か口にしかけたのだが、テレのせいか、みな途中で口ごもってしまった。それにしても、海の民らしい、何ともスケールの大きな遊びではないか。そのあたりの船を、勝手に「デート船」に仕立てあげるわけだ。野川さんは何度も「あれはイキ（粋）やった」と振り返った。彼女の若いころは、ちょうど家船の終末期にあたる。船住まいというのではなかったが、野川さんが思い出してくれた家船生活の一コマは、男たちの世界とはまたちがった趣がある。

◆漂泊民と定着民のはざま

ところで、向島漁民のカズラ網の主な漁場として「天下島」というのが登場した。彼らと話しているると、何かにつけてこの島の名が口をついて出る。実は天下島というのは通称で、地図には「頭島《かしらがじま》」と記載されている。福島の南端から二百メートルほど沖合い。周囲二百メートル余りの小さな小さな島だ。

そんな島が「天下島」とは、何となく不釣り合いな呼称に聞こえるが、これには謂われがある。昔、雪浦集落に天下兵衛という男がいた。酒色にふけり、遊興の日を過ごしていた無頼の徒。その彼が松の古木の繁るこの島をいたく気に入り、よく島に渡ってきては酒盛りを繰り返し

右から福島、天下島、大角力、母子島。手前は白浜集落

ていたので、彼の名をとって「天下島」と呼ぶようになったという。その島が、向島の人にとってちょっとした「聖地」になっているのだ。

向島地区の最大の行事といえば、もちろんペーロン競争だ。旧の五月五日、二艘の船が櫂《かい》をこいで覇を競い、神霊を海に捧げるのである。この日は全国各地に散らばっている出身者も必ずといっていいほど向島に帰ってくる。それは正月や盆にも匹敵する年中行事になっている。行事といえば、対岸の樫浦に「コンピラ（琴平）さん」の祭りというのがあって、かつてこれにも参加していたが、今は加わっていない。だから、ペーロンの日の盛り上がりはすごい。コースは、以前は雪浦から天下島までだった。天下島というのは、ペーロン行事にとっても無くてはならない特権的な島なのである。

祭りは「御霊《みたま》」づくりから始まる。小さな石を土台に、その上に円形の藁縄や松の枝、御幣、魚二尾を飾る。手に抱えられるほどの大きさ。これが御神体である。現在、レースは瀬戸港内の直線コースで争われ、これに勝った方には御霊を天下島まで運ぶ権利が与えられる。そして勝組のペーロン船が御霊を乗せて島を三回廻り、近くの海にそれを沈めて帰るのである。天下島には「ジューゴさん」(龍宮さん)が祀られている。恵比寿神社のことだ。御霊の石も天下島のものを使うという。

興味深いのは、祭りの日、この一年に生まれた赤ちゃんをわざわざペーロン船に乗せてもらう風習が見られることだ。原則として対象は男の子のみだったが、最近は少し緩んできて、女の子も乗せるようになった。向島の人の話では「瀬戸の漁師は体が強いから、赤ちゃんを抱いてもらうと丈夫に育つ、と考えたのではないか」ということである。

ここで思い起こされるのが「イダキ」という習俗である。陸上の村の病弱な子が家船の元気な老人に抱いてもらうと丈夫に育つ、という俗信がこのあたりの家船地帯には残っていて、かつては「イダキばやってもらう」といって、実際によく見られたものだという。抱いてくれた家船の老人を「抱き親」といい、子供たちの親はお酒二、三升をお礼に持っていった。その後も盆、正月には必ずその人に贈り物を届けたという。

今日、この「イダキ」そのものを覚えている人は向島にはいないようだ。しかし、少し希薄になった形で、先のペーロン行事の一場面にかろうじて残ったと考えることができるだろう。ここから見えてくるのは、陸上の民とは異なる世界をもつ家船漁民たちの「特別の力」であり、彼らに対する「畏怖」の念のようなものである。

ちなみに、これとよく似た慣行として「シオトト」というのが南九州にあった。子供が丈夫に育つようにと、村人たちは塩売り行商のじいさんを「養い親」に頼んだというのである。大正時代ごろまでの話だ。陸上の定着民にとって、遠くからやってくる行商人は、いってみれば「ストレンジャー」(異人)であり、「マレビト」のような存在だったろう。彼らのもたらす異界の風は、だから「イダキ」と同じように、「畏怖」に近い感情を呼び起こしたのである。

だが、陸上の定着民が移動民にそそぐ眼差しは両義的なものだ。畏敬と賤視のはざまを揺れ動いてきた振り子が、時には後者に振れる場合もある。というより、こちらの方が多かったにちがいない。

彼ら家船の民は、周囲から一般に「エンブ」と呼び習わされてきた。これは第一に方言であるが、差別的な意味あいも強い。「エブネ」ということばさえ聞きたくないのに、「エンブ」にはさらなる蔑視のニュアンスが込められている、と彼らは感じ取るのである。かつて、向島と樫浦の間に渡し船が通っていたころ、その船中で、他の集落の者から「このエンブが」と直接言われたこともあったと聞く。さらに「エンブゴッツ」という言い回しもあった。「ゴッツ」とは乞食のことだ。これはもう蔑視そのものである。なぜ、こんなことばが生まれたのか。海の民の来し方に思いを寄せる津口さんは、こう考える。

「家船の人は世間体というものを考えることはしなかった。なにせ、海の上で家族単位で生活してきたのだから、他人の目を気にする必要がない。だから常にボロを身にまとっていたわけです。というより、かえって家船ではボロを着ることが賞賛された。それが他の部落の者の目には、ひどく奇異な感じに映ったのではないか。豊かさということで言えば、かつては大村藩から漁業権が保証されていたので、漁獲高も多かったはずです。家船の生活は、それなりに豊かだったと思いますね」

家船の人たちが長い間、陰に陽に差別に苦しめられてきたのは事実だ。その差別も、漂泊生活の時代よりも、陸上がりしてからの方が一層激しくなったといわれる。定着民と接触する機会が増えたからである。お互いほどよい距離を保っている限り、両者の軋轢はそれほど問題にはならない。だが、距離が近くなったり、接したりする場合、そこに敵対的「他者」というべきものが析出されるのである。ここから差別までは、あとわずかだ。

いうまでもないが、差別に正当な根拠などあろうはずはない。しばしば支配の正当性の根拠とされる「伝統」とか「由緒」ということでいえば、彼ら家船民たちこそ、そのことばを戴くにふさわしい存在だと言うべきだろう。これは後ほど考えるが、おそらく彼らは、連綿として続く「海人」たちの系譜につながり、列島の黎明期からその文化形成の重要な一翼を担ってきたことは間違いないからである。それが今や、陸の定着民と生活のたて方が違うという理由で、およそ理不尽な扱いを受けてきたわけだ。わが国の歴史を貫く「農本主義」は、島と半島ひしめく列島の西の辺境にも影を落としている。

Ⅱ　西海海人の系譜をたどる

◆西海家船の分布と系統

以上、漁法を中心に向島漁師たちの今日の姿を追いかけてきた。家船の盛んな時代から一つか二つ後の世代に当たる。すでに述べたように、家船が姿を消して半世紀を超えてしまった。往時をしっかり覚えている人は、まず見当たらない。それでも彼らの話から、家船漁民の息吹きはいくらか伝わってきたはずである。

とはいうものの、やはり家船の「英雄時代」に一歩でも近づいてみたいものだ。せめて昭和前期の最後の姿だけでものぞけないものか。ただ、多くの庶民がそうであるように、家船の民も自らの生活や思想を記すということはしなかった。そこで拠りどころとなるのが、第三者によって記された資料である。この方面も、たとえば農業などの分野に比べてきわめて手薄であるが、戦前から戦後のかけて発表された聞き取りや論考が幾つか残されている。

その第一は木島甚久の『日本漁業史論考』（一九四四年）である。氏は昭和十四年から二年半にわたり、向島の対岸である瀬戸町の板浦地区に住み込み、小さな海産物製造業を営みながら家船漁民の観察を続けた人だ。当時、家船は二十五艘。戦火の広がるなかで書かれたその記録は生々しい。「家船」の項は全体の五分の一ほどだが、それでも今となっては貴重なものである。野口武徳の『漂海民の人類学』（一九八七年）は蠣浦島の中戸家船、それに沖縄の糸満漁民についての本格的な研究書。漂海民の陸地定着過程についても詳しい。羽原又吉の『漂海民』（一九六三年）は海女や家船などに関する概説書だが、漁業経済史の第一人者らしく、その視野は広い。以上の三氏はいずれも故人である。近年では、伊藤亜人氏（文化人類学）による漁民集団の研究が知られており、その中では九州西北の家船が大きなウエートを占めている。ここでは一部それらの研究にも拠りながら、向島を中心とした往時の家船の姿をざっとスケッチしておきたい。

まず、西北九州における家船の分布と系統について——。これまで、家船の上に地名を付した固有名詞がいくつか登場している。それらの関係を整理しておこう。

この海域の家船の「本家」ともいうべきところが、すでに述べたように、ここ向島だった。今は大瀬戸町に属しているが、昭和三十年の合併前までは瀬戸町だったので一般に「瀬戸家船」と呼ばれている。能地など瀬戸内海の家船と呼称が似ているので、少し紛らわしい。

この「瀬戸家船」から、近世になって二つの家船が分派していった。その行き先は、西彼杵半島の北西海上に浮かぶ蠣浦島とその属島・崎戸島である。向島から十キロほどのところ。それぞれ島の名前をとって「蠣浦家船」「崎戸家船」と言っている。前者は島の東端の中戸という地を基地にしているので、野口氏は「中戸家船」と呼んでいる。後者の崎戸家船についても、根拠地は崎戸島ではなく、実は対岸の今泊《こんどまり》（蠣浦島）だったと氏はみている。すべて小さな海峡沿いに位置しているのが注目される。いずれにしろ、向島を中心にこの三カ所が肥前家船の中核を成してきたわけだ。

『大村郷村記』という藩内四十八カ村の詳細な調査記録がある。天和元年（一六八一年）に始まり幕末に完成をみた、大村藩の一大事業。これに家船の数が次のように記されている。

▽瀬戸村　六十三艘
▽嘉喜浦村（蠣浦村）　三十八艘
▽属島崎戸浦　二十九艘

人口については瀬戸村だけ出ていて、「男女数三百九人、内男百五十八人、女百五十一人」となっている。三カ所合わせて計百三十艘。一艘あたり、ほぼ五人。江戸の末期、これらが船団を組みながら、大村藩内の海域を中心に漁に従事していたのである。

これらの拠点からは、さらに多くの家船集団が枝分かれしている。「瀬戸家船」からは、明治後期に対馬や長崎半島へ、大正時代になっても五島・福江島や対馬の別の場所へ小人数だが移っている。うち長崎半島というのは、藤川さんや野川さんの話に出てきた小ケ倉のことだ。「蠣浦家船」からは、明治中期に福江島の樫ノ浦へ五艘が移住、その樫ノ浦からはさらに五島・奈留《なる》島などへ分かれていった。五島の樫ノ浦はカズラ網のくだりにも登場した。

家船の枝分かれについては、その実際の姿を知るのは今日難しいが、『対馬拾遺』（日野義彦著）という本のなかに、それにかかわる話が少し載っている。場所は対馬西岸の浅茅《あそう》湾を北上したところにある入江、峰町三根浜。対馬に住む著者が、そこの八十歳になる女性から聞き取ったという話である。読んでいくと、実はこれが瀬戸家船から枝分かれした一団であることに気がつく。少し耳を傾けてみよう。

話者の女性は峰町へ嫁いできた人で、そこで出会った家船の人や舅《しゅうと》から仕入れた話を著者に語っているのである。それによると、家船は「セトブネ」とも、単に「エブネ」とも呼ばれていた。十艘以上から成り、よく三根浜の金比羅神社下の磯ばなに繋いであったという。瀬戸家船を「セトブネ」と呼ぶのは珍しく、知る限りではこの三根浜のみである。明治の終わりごろのことらしい。また、舅が船住まいの子の出生届けをしてあげた折、その子の生まれた土地を聞くと、朝鮮の釜山港内の船の中、という返事が返ってきた。これからすると、この家船は朝鮮半島にまで出かけていたことになる。九州西海の家船は、瀬戸内海の家船に比べて行動半径が狭いといわれるが、必ずしもそうではなかったようだ。

話者は家船の同年輩の人と親しくなる。

「その人が、対馬にはじめて来たのは、明治三十四年（一九〇一）の、泳ぐにはまだ早い六月頃だった、と連れてきた父親は話したそうです。しかし、その時より前に、瀬戸船の人達は対馬に漁にきていたかも知れないと話しておられました。その人は瀬戸といっても、長崎県西彼杵半島の瀬戸浦の福島からこられたが、はるばる対馬まで、どうしたわけできたかと聞くと、父は魚が対馬には多かったから来たと話したそうです」

対馬三根浜の家船の出自は「瀬戸浦の福島」、つまり向島であることが、これではっきりする。彼ら一行は西彼杵半島を発った後、平戸の瀬戸を通り、さらに対馬海峡を越え、対馬では大船越から浅茅湾へ抜けて、ここにたどり着いた。途中、風待ちなどもあって、一週間もかけてやってきたという。この時、船団は十二、三艘で五十人ぐらい。それは「カズラ網」を引くのに必要な規模だった、と教えてくれた。カズラ網は対馬では「オリコウ網」と呼ばれた。盆前になると、その漁も終わるので、家船の人たちは瀬戸へ引き揚げていった。

「瀬戸船の人達は、盆、正月には瀬戸に帰っていましたが、イザリをはじめた頃から、帰らずにずっと三根浜に船をつないでくらす船が目だってきました。大正の末頃になると、陸に上って、小さな家をたてて住みはじめられました。それ迄は子供が大きくなると、瀬戸から嫁をもらったり、嫁にやったりしていました。陸に住むようになると三根の寺の檀家になって、墓地を作られました。三代目になると、嫁は対馬の者をもらい、また対馬の者に嫁かせておられます」

ここでいう「イザリ」とは、潜ってホコを使う漁のことらしい。瀬戸家船と親しく付き合った三根浜の老女の語りは、家船の枝分かれとその定着過程を具体的に示していて貴重である。最初は西彼杵半島と対馬を行き来していたが、徐々に陸上がりして、三代目になって嫁のやりとりも始まり、やっと対馬の人になったわけである。

こうして、西彼杵半島と蠣浦島を基点に、第一次枝村、第二次枝村が対馬や五島に次々と成立していった。移動性に富んだ家船の民ならではの動きである。ただし、枝村の数や広がりからいうと、やはり瀬戸内海の家船の方がスケールが大きいようだ。たとえば、すでに触れた大分県臼杵湾の津留という漁村は、能地（広島県三原市）からの分かれであるといわれる。漁法も、瀬戸内海系は手繰《てぐり》網や打瀬《うたせ》網（能地）、それに一本釣り（吉和）や延縄漁（二窓）を得意とした。つまり網と釣りである。いずれも潜りを行わないことが注目される。瀬戸内海の家船に比べて、西彼杵の家船がそれほど拡散しなかった背景としては、こうした漁法の違いに加えて、大村藩との強い結びつきも指摘されている。

西北九州には、もうひとつ、平戸島北部の幸《こう》ノ浦というところにも家船の根拠地があった。これにも簡単に言及しておこう。

平戸市の中心部から北へバスで二十分ほど行くと、右手に比較的大きな港が見えてくる。かつて潮待ち港として栄えた田助港である。民謡「田助ハイヤ節」でも知られる。幸ノ浦はその手前、ひとつ岬を越えたところにある。田助港の陰にひっそりとたたずむ小さな入江、といった風

昭和初期の幸ノ浦家船集団＝『平戸市史古写真編・想い出の平戸』（平成10年、平戸市）より

情。ここに昭和十年代まで船住まいが一部残っていたという。漁は、やはり潜りとホコ突きが中心。彼らは、源平合戦に敗れた平家の残党の末裔である、といった伝承を長らく持ち伝えてきた。平戸の町の近くに位置するから、当然松浦藩との関係が深く、領内の漁業権を認めてもらう代わりに「船手御用」の義務を負っていたらしい。

現在の幸ノ浦漁港からは、家船時代の痕跡をうかがうのはむずかしい。そこらあたりの漁村とさほど変わりはない。ただ、入江を囲む急な傾斜地に張りつくように建っている家並みが、専業漁民の村であることをしのばせる。次は、海辺に近い作業小屋でタモ網を編んでいた老漁師（昭和十年生まれ）の話である。

「家船は昭和十五、六年に一隻おったな。後でオカ（陸）にワラ屋根の家を建てて生活しよった。船をオカに揚げて、それを家代わりにして住んどる人もおったよ。ここは元々、オカに家は無かった。時化《しけ》でも海におらんといかん。船で赤ちゃんを産みよった人もおったよ。私どもは松浦公のお墨つきをもらって漁をしてきた。北松（北松浦地方）一円の海が縄張りでな。だから小値賀、宇久までは松浦の海だから漁してよかった。ホコでアワビやサザエを獲ったり、潜りをしたり、巻網もな。それをイモと交換しよった。それが昭和二十四年に（新漁業法が成立して）、人の土地に行ったらいけんよ、ということになってしもうてな……」

こう聞くと、瀬戸家船とのかかわりが浮上してきそうだが、実のところ両者の系譜関係ははっきりしない。壱岐の方から移ってきたという説もあるが、これも不明である。幸ノ浦は、九州家船のなかでもいわば孤立した存在とされている。

◆海の上の家族空間

瀬戸家船に話を戻そう。彼らはいったいどんな船に乗っていたのか。何カ月も家族ともども漂泊・移動する船というからには、普通の漁船と同じであるはずはないだろう。

当時の船の寿命は、だいたい二十年から二十五年。残念ながら家船の船体そのものは残っていないが、幸いなことに、その三分の一の模型が大瀬戸歴史民俗資料館に展示されている。戦後、向島の老漁師たちが「ぜひ昔の生活を残しておきたい」と寄贈したものだ。雪浦より少し南に下った神浦の船大工の手に成るもので、なかなか精巧に出来ている。

この模型や古老の話を総合すると、向島家船の全長は約十メートル、幅二メートル余り。杉材を使用している。帆は天竺木綿を横継ぎにしたもので、本帆と矢帆の二つがあった。風の弱い時には双方の帆を用いた。柱は港に入ると倒した。櫓はトモ櫓とワキ櫓の二丁櫓で、ともにトリカジ側（左舷）で漕ぐ。オモカジ側（右舷）にはホコが備えつけられていた。これが船体の骨格である。だいたい五人家族、その生活と労働のすべてがこの船の中で営まれていたわけだ。

船の内部空間はどうなっていたのか。つまり間取りである。これについては、昭和十年代に調査した木島甚久が貴重な空間構造図を残していて、後に羽原又吉が『漂海民』の中で解説を加えている。ここでは主としてその図に拠りながら、現地の古老の話も交えてたどってみよう。

まず一番舳先《へさき》の狭い三角形の空間は魚突き場で、漁師はここからホコで魚を突いた。「ずっと昔はエイの油を水面にまいて突いていた。その後に出てきたのが今の箱メガネ。船の先に座って、箱を浮かしてホコで突く。だから、それほど深いところは見えん。海が濁っていてもダメ」と古老。当時もホコは竹で出来ており、先端だけ鉄製で二又になっていた。船首の魚突き場に続いて、次のような部屋が船尾まで連なっている。

▽オモテ（表）の間
▽ドウ（胴）の間
▽ナカ（中）の間
▽トノ（殿）の間

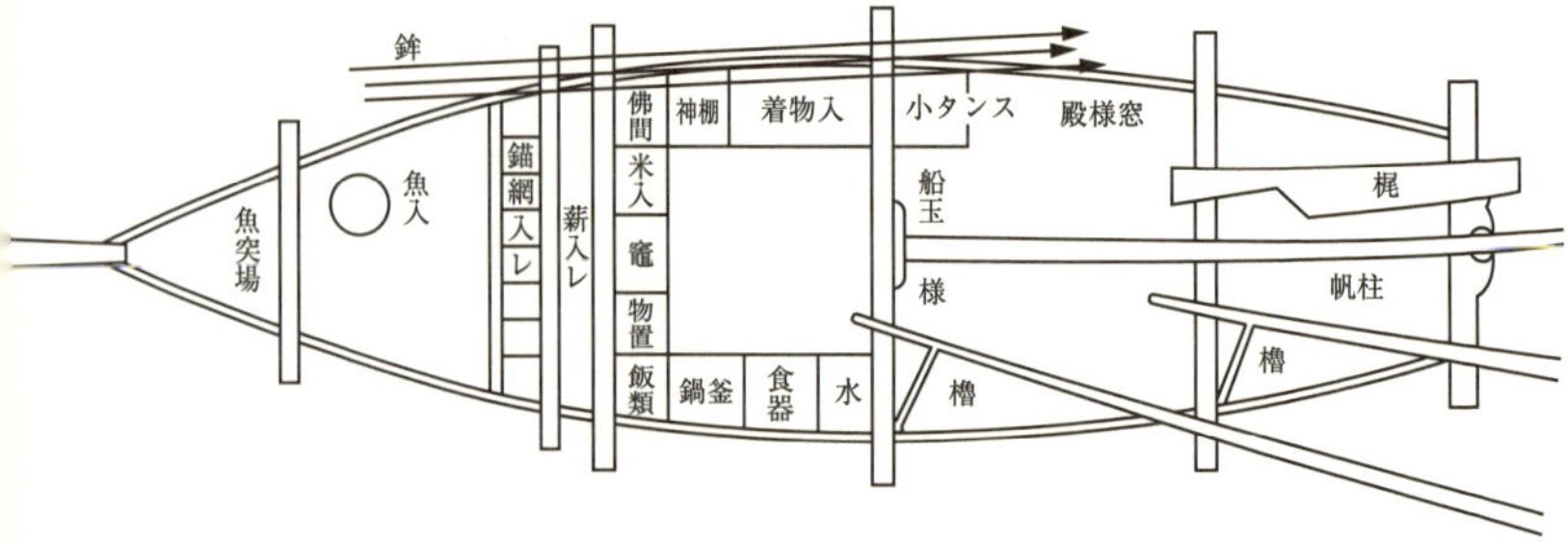

家船の空間構造 ＝ 木島甚久「日本漁業史論考」より

▽トモ（艫）の間

このうち、日常生活の場となっているのがドウの間。ここは「火床の間」ともいわれ、カマドをはじめ、鍋釜、水瓶、米入れ、着物入れ、さらに仏間や神棚まで置かれている。船の中でも核になる空間だ。その隣のナカの間とトノの間は左右背中合わせになっていて、左側がナカの間、右側がトノの間である。前方のオモテの間には薪や船をおおう苫《とま》などを収納した。古老の記憶では「ナカンマは寝るところ。ただし、暑い時はトモンマや甲板（オモテの間）でも寝よった。ナカンマには生け簀もあったな」ということだ。

面白いのはトノの間。瀬戸系の家船には、どの船にもこの不思議な一角が設けられていたという。他系統の家船と一番異なるところはここだ。トノとは「殿」のこと。なぜそんな名がついたのか。言い伝えでは、以前この部屋に大村の殿様を匿っていたということだ。だから、そこに付いている窓も「トノサマ窓」。殿様がそこから船の外を眺めたからである。大村の殿様との特別な関係は、彼ら家船漁民のアイデンティティを深いところで規定していると思われるが、これについては後ほど考えることにしよう。

ただし、すべての瀬戸家船がこの通りだったかというと、そうでもないらしい。ナカの間とトノの間は、羽原説では左右背中合わせだったが、資料館の模型では前後に続いている。また野川好江さんの話では、寝床はドウの間だったが、カマドや食器はナカの間にあって、そこで煮炊きをしたという。ドウの間とナカの間の機能が、先の説明とは少し違っている。またトモの間で炊事したという話も聞いた。同じ構造の船でも、具体的な使われ方は一様ではなかったようだ。付け加えると、用便には船尾のカジ穴を利用した。

家船の間取りについては、相続にかかわる習俗として次のような話が伝わっている。長男が嫁をもらうと、親は船を新たに造ってやって分家（分船）させる。二男、三男も同じようにして、最後は長男に家を譲るのだが、その際、親はドウの間を渡し、自身はトモの間に移って隠居するというのである。これは『大村郷村記』にも出てくる。このことを覚えている人は、今日もういない。

この特異な慣習を、どう考えればいいのだろうか。たしかに最終的には長男に継がせるから「長子相続」ということになるが、次々と子供を分家（分船）させ、「夫婦単位別世代制」を実現している点で、限りなく「末子相続」に近いともいえる。というより、これはその名残りと捉えることも可能だろう。

家族法の大家、中川善之助が昭和二十七年に向島を訪ねている。その時の記録には「海上生活

向島家船の模型（大瀬戸歴史民俗資料館）

者はわずか三世帯に減っていた」とか「昭和六年に家船という字名を廃して、以降は字向島と呼ぶことになった」といった興味深い記述がみられる。昭和二十七年段階で家船が三艘いたことは、これまでの話とも符合するし、向島地区が一時期「字《あざ》・家船」と呼ばれていたのも事実である。ただ、氏の関心はやはり相続慣行にあって、「末子相続は、この向島の家舟たちにも古くから伝わってきた」と強調している。しかし、陸上がりするようになってからは「末子相続の方は棄てて長子相続になって来ているらしい」とも述べている（『民法風土記』）。

　思えば、九州西岸は瀬戸内海沿岸と並んで最も末子相続の盛んなところだった。長崎、熊本、鹿児島の三県を「末子相続のベルト地帯」と呼んだ学者もいる。小野重朗は、鹿児島県に限ってだが、その相続慣行を調査した結果、「末子相続とそれに近い隠居分家的相続との分布は南九州の海辺や島々を被っていると言ってもいい。この地帯は漁村的性格の強い地方で……その浦浜的性格の一つの現れとしてこの特殊な相続法が見られる」と考える。そして、そこに「各戸平等の原理」を見てとるのである。末子相続と漁村との親和性が強調されているわけだが、瀬戸内海の能地の家船も、やはり末子相続で知られている。

向島家船の民俗といえば、木島甚久の本の中に面白いエピソードが披露されている。それは「アジール」にかかわる話だ。アジールとは、そこに逃げ込めば犯罪者や奴隷などでも一定の保護が受けられる領域のことで、「避難所」「平和領域」あるいは「聖域」などと訳される。一般には縁切寺の例が有名だ。とりわけ中世によくみられた現象で、「罪人神堂に走入すれば則ち亦敢て追捕せず」という対馬の話が申淑舟の『海東諸国紀』(十五世紀)にも出ている。

木島はこの対馬の例を念頭に、「偶々船の『おもて』まで遁れた者を罰しないと云ふ習俗がエブネにあることを知って、私の探究慾は俄然頭を擡げた」という。加えて、家船には「トノサマ窓」という特別の空間もあったではないか、と。そこで向島地区の長老たちに集まってもらい、そんなアジールの習俗が存在していたかどうか尋ねてみた。しかし「さあー」という返事ばかりで、いっこうに埒《らち》が明かない。結局「おもて」から先は海であり、「檀那さん、そりや遁げようたて、遁げられませんばい」ということで一件落着と相成った。氏は家船に日本中世の面影を期待していたらしいのである。

◆カエキ――交換する世界

家船の内部空間はあらまし明らかになった。彼らは何艘かで船団を組み、領海内を中心に移動していったが、漂泊の専業漁民というのは定着農耕民と無縁で生きられない。彼らは行く先々で農民たちと様々な関係をとり結んだ。キーワードは「交換」である。

何より、獲った魚や貝を売りさばかねばならない。一方で主食となるものを手に入れる必要がある。日が暮れると、彼らはいつもの浦に船を寄せ、いかりを下ろした。そこは船がかりする場所であると同時に、交易活動の拠点でもあった。その地点はだいたい決まっていて、背後にいくばくかの農家が広がっていることが条件だった。瀬戸系の家船の場合、伊藤亜人氏によると、そんな「泊りおき」の基地は半島部や大村湾内、それに五島、対馬などに計五十カ所ほどあったという。大半は交通の不便な地で、やはり「陸の孤島」と言っていいようなところ。だから農村の側にとっても交易は歓迎すべきことだった。

基地に何日か留まって近在の農村へ出向くのだが、実際に交易に従事するのは女衆たちである。しかも物々交換。これを方言で「カエキ」といった。これは野川さんの話にも少し登場した。以前は、丸い竹カゴに魚や貝を入れて頭上に乗せ、村々を触れ歩いた。そんな光景は昭和初期まで見られたそうだが、これも今日覚えている人はいない。換えるといっても、半島や島は水田が少ないから、いきおいムギやアワ、サツマイモ、それに味噌、醤油などが主な品物になってくる。

「カエキ」が度重なると、自然に「トクイ」（得意）の関係になる。家船ごとにそれぞれ数軒の「トクイ」を持っており、お互いその縄張りは尊重された。いわば家船にとって財産のようなものので、これは母から娘や嫁に継承されたという。さらに親密度が増すと「イトコ」とか「シンルイ」ということになり、風呂や井戸などを借りたりした。また本拠地の近くには「ツケヤド」と呼ばれる家もあった。比較的豊かな農家にお願いして、季節的に不要になった衣類や、魚を突くホコ用の竹などを預かってもらった。竹は虫がつかないように、カマドの上に置いて燻《いぶ》してもらう必要があったのである。

「カエキ」といえば、この辺りでは物々交換で鳴る「早岐《はいき》の茶市」が有名だ。早岐は現在佐世保市に属しているが、針尾島をはさんで西彼杵半島と向き合う位置にある。瀬戸家船の活動領域にも接している。毎年五月の九日間、川のように狭い早岐瀬戸に沿った道路には、海の幸、山の幸、お茶、陶器、苗木などがびっしり並び、かつては「かえまっしょ」「かえまっしょ」の掛け声とともに物々交換が盛んに行われた。それをやはり「カエキ」と呼んでいた。

その茶市に、かつて瀬戸の家船も出掛けていたという。古老の記憶では、朝三時に出て昼の二時頃に着いた。向島から一路北へ、大島との海峡を越え、西彼杵半島北端の面高の先を東に折れて針尾島を目ざす。櫓と帆で船を進めるのだが、それでも半日近くかかった。四丁櫓で、この時は女衆たちも漕いだという。

早岐は古い港町・商人町として、西北九州一帯では知られたところだった。住民の側でも、家船の衆が茶市に来ていたことは覚えていて、町の長老の一人は「ああ『エンブ』のことかな。あれが泊まる浦はだいたい決まっていて、馴染みの百姓を何軒も持っておった。茶市にも昔はちょくちょく顔を見せよったな」と話していた。「エンブ」ということばは、この一帯まで聞こえていたらしい。家船の茶市への参加は、農民たちとの間で結ばれた恒常的なつながりとはちがって、一時的なものである。経済的必要に迫られて出かけたのは間違いないとしても、ここはやはり「祝祭的魅力」につい誘われて、ということの方が大きかったのではないか。祭りの少ない家船の衆にとっては、なおさらだっただろう。

このように、いくつかの結節点を通じて、家船の人たちは農村や町の人びととさまざまな関係をとり結んでいた。先に出てきた「抱き親」の習俗もその例に含めていいだろう。漂泊民と定着民は微妙な視線を交わしながら、ともかくもひとつの「家船交易圏」とでもいうべきものを形作っていたのである。

◆大村氏と家船、貴種と漂泊民

ここまで向島漁師の現在の状況、それに往時の瀬戸家船の姿をざっとたどってきた。往時といっても、この場合、ほぼ明治から戦前あたりまでのことと考えていい。では、近世や中世、さら

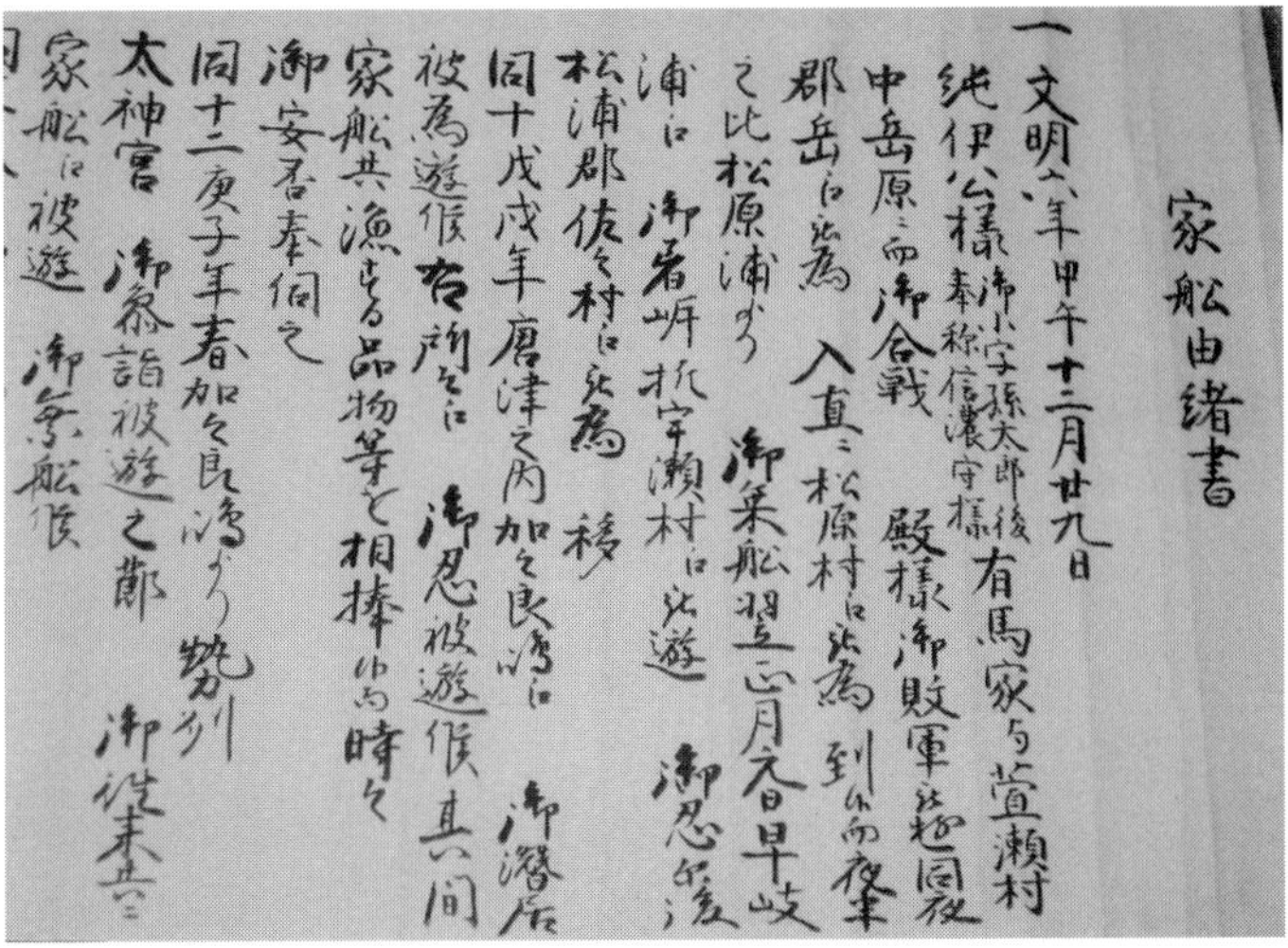
家船由緒書
一 文明六年甲午十二月廿九日
純伊公様 御小字孫太郎後奉称信濃守様 有馬家ゟ萱瀬村
中岳原ニ而御合戦 殿様御敗軍被遊同夜
郡岳ニ被為 入直ニ松原村ニ被為 到候而夜半
之比松原浦ゟ 御乗船翌正月六日早岐
浦ニ 御着岸於宇瀬村ニ被遊 御忍御渡
松浦郡佐々村ニ被為 移
同十戊戌年唐津之内加々良嶋ニ 御潜居
被為遊候右節ニ 御忍被遊候其間
家船共漁ある品物等を相捧候而時々
御安否奉伺之
同十二庚子年春加々良嶋ゟ 勢州
太神宮 御参詣被遊之節 御従来共ニ
家船ニ被遊 御家船候

瀬戸家船に伝わる「家船由緒書」(大瀬戸歴史民俗資料館)

にはそれ以前の時代はどうだったのか。また、そもそも家船の発祥はいつごろなのか。当然、そんな疑問が湧いてくることだろう。しかし、それに応えてくれる史料は、やはりほとんど期待できない。

そんななかで、これまでも何度か顔を出したが、大村藩の地誌『大村郷村記』には、江戸期の家船のことが少しばかり記されている。さらに『家船由緒書』と『家船の由来』という二点の文書が瀬戸家船側に伝わってきた。後の二つは内容がよく似ていて、家船と大村藩との結びつきの強さ、とりわけその特権的漁業権の根拠(お墨付き)について述べたものである。いずれも史実と伝承が入り交じっていて、その境界はかなりあいまいだが、ともかくここではそれらに依拠しながら、まずは中世後期の出来事から入っていくことにする。

応仁の乱の時代、彼杵の大村氏は南の島原半島の有馬氏と対峙していた。文明六年(一四七四年)、大村純《すみ》伊《これ》は有馬氏と戦って敗れ、北の方へと落ちて行く。早岐から佐々《さざ》（北松浦郡）へ、さらに玄界灘に浮かぶ加々良島《かからしま》（加唐島）に渡る。この間、純伊の敗走を助け、かくまったのが、他ならぬ瀬戸家船だった。彼らは純伊のために魚を捧げたり、旧領回復祈願で伊勢詣した折には船も用意したという。流浪延々六年。やっと文明十二年（一四八〇年）、純伊は加唐島を脱して大村湾の小串浦（川棚町）に帰還する。この時、彼を乗せてきたのもやはり瀬戸家船の衆だった――。

大村純伊が隠れ住んだという加唐島は、東松浦半島（佐賀県）の沖合四キロにある小さな島。実はこの島、近年になって、百済の武寧王《ぶねいおう》の生まれた島としても知られるようになった。このことは『日本書紀』にも記され、島でも伝承されてきたのだが、長らく日韓双方から顧みられることはなかった。一九七一年に武寧王陵（韓国公州市）が発見されたことで、事態は急転する。その墓誌石の銘文と『日本書紀』の記述がぴたり符合したからである。武寧王の加唐島生誕説は、これで一挙に信憑性が高まった。このあたりの島々は、古代における日韓交流の重要なルートにあたっていたのである。

そんな加唐島が、大村氏にとって「再生」の場になったわけだ。不思議な巡り合わせというべきである。壱岐島にも近い加唐島は大村湾からずいぶん離れている。しかも、この海域には大小多くの島々が散らばっている。なのに、なぜ加唐島がわざわざ潜伏場所として選ばれたのか、どうしても気にかかる。純伊を終始支えたのが瀬戸家船の衆だったとすれば、すでに十五世紀後半、この海域にも彼ら家船の勢力が及んでいたということなのだろうか。謎を解く手がかりはないものか。

加唐島の目の前に巨大な影を横たえる東松浦半島。この半島の中央部は南側に深く海が入り込んでいて、そこは名護屋《なごや》浦と呼ばれる。西側の台地が、かつて秀吉の朝鮮出兵の際に基地となった名護屋城のあった場所。そして名護屋浦というのは、古くから海士（潜水漁）の根拠地として聞こえたところだった。『鎮西町史』によると、文録・慶長の役の折、彼らは朝鮮半島への水先案内をつとめ、その功により、秀吉から半島沿岸の漁業特権を与えられたという。また江戸後期、この地に「船住まい」の海士が多くいたことを記した文書も残っている。ここら一帯も海人の色濃い海域だったのである。

純伊を助けた瀬戸家船と、秀吉の朝鮮入りを助けたという名護屋の海士。その間は百二十年ほど隔たっており、両者が出合うことはなかっただろう。ただ後者については、秀吉軍を水先案内するくらいだから、彼らはすでに海人として一帯でしっかり認められていたと考えられる。その姿は、前の純伊の時代にまで及んでいたかもしれない。中世、この海域には、後に詳しく触れるが「海夫」という海人集団が登場して、潜水漁などに従事していたことが明らかになっている。いわば名護屋海士の前身である。その彼らと瀬戸家船は、はたして交錯しなかったかどうか。瀬戸の勢力圏というほどのことはないにしても、同じような海人集団だから、純伊の一件について、あるいは多少の協力関係ぐらいはあったとしても不思議ではない。

ともかく、大村純伊が有馬氏と戦って敗れ、加唐島に潜伏したのは史実らしい。大村藩関係の記録に挙って記されているからである。これを後世の作為とする研究者もいるが、ここでは深入りしない。その「大村氏敗走」に家船衆の貢献の話が加わって、先の伝承が成立したようだ。加唐島の名は、その後も彼らの記憶に残り続け、向島には「加々良《かから》」姓を名乗る人が四十年ほど前まで住んでいたという。今日、裏山の墓地には「加々良」と刻まれた墓石が三つ建っている。

右の経緯から分かることは、大村の殿様にとって瀬戸家船はまさに恩人中の恩人ということだ。当然、その功に報いなければならない。そこで与えられたのが「領海渡世永々勝手」（『家船由緒書』）のお墨付き。つまり領海内の特権的な漁業権を代々認める、というものである。その恩賞の御朱印も授かったという。以来、瀬戸家船はこれらを存立の拠りどころとし、自らのアイデンティティの核にしてきたわけだ。

一方、藩の側は、家船に対して特権を認める代わりに一定の負担を要求した。それは「船公《く》役《やく》・臨時船手御用」の義務である。家船は藩の手足となり、いざという時には水軍として参加しなければならない。現に正保四年（一六四七年）、ポルトガル船二隻が長崎湾へ来航した折、彼らは藩の命で出動し、その通路に大網を張ったりしている。加えて、藩にとっては彼らの漁獲物も大きなお目当てだった。とくにアワビである。それは長崎から中国へ輸出する「俵物」用としても重要な産物だった。俵物とは、干しアワビ、フカヒレ、イリコの三品のことで、当時、幕府は金・銀・銅に代わる切り札として輸出にあてていたのである。

大村藩と家船との持ちつ持たれつの関係が明らかになってきた。貴種と漂泊・移動民――その濃密な結合は、海の民に限らず、木地屋やマタギといった山の民においても見られたことはよく知られている。由来書（特許状）は両者の特別な関係を証しだてるものである。漂泊・移動の民はそれを手に、海や山を自由に往来したのだ。このテーマを掘り下げていけば、当然「聖と賤」という列島文化の魅力的な鉱脈に行き当たるはずである。

ここで思い起こすのが、対馬の「曲の海女」のことだ。家船と海女。ともに古い海人の代表格である。

対馬の中心・厳原から北へ車で二十分ほど。東に口を開けた入江の一角に、その小さな集落はある。「曲の海女」といえば、北部九州海域では古くから聞こえた存在だった。その彼女らも、実は近年まで「対馬八海御免」のお墨付きをもらって、半ば漂泊的な漁撈生活を送ってきたのである。その詳細は第二部に譲るとして、ここでは瀬戸家船と比較する上で必要なことだけに触れておこう。まず曲に伝わる特異な伝説から。

元々、曲の者は筑前鐘崎《かねざき》（宗像市）の海人であった。寛元年間（鎌倉前期）のこと、さる高貴な方が、彦山の山伏とともに鐘崎にやってきて、対馬へ渡ることを求められた。そこで三十七艘の船を仕立てて荒海の玄界灘を渡った。お供した船のうち三十艘は鐘崎へ返したが、あとの七艘は、島主から対馬一円の漁業特権を許され、幾つかの土地を経たのち曲というところに落ち着いた。高貴な方というのは、実は安徳天皇のことである――。

鐘崎は、わが国における海女文化の本場として知られる。すでに早い時代から、男女を問わず、対馬や壱岐、日本海沿岸へ頻繁に出稼ぎに出かけていた。その一団が曲に定着したのは、実際は江戸中期になってからのことらしい。伝説とは、ずいぶん時代的に開きがある。しかも以前から対馬島主・宗氏とはつながりが深く、水手《かこ》（船方）や時には水軍のような役割も担っていたようだ。ここから、安徳天皇伝説というのは実は「宗氏入島」のことを指すのではないか、と考える人もいる。

それにしても、瀬戸家船と曲海女はその存立構造が驚くほど似通っている。

まず、ともに一年の大半を漂泊・移動しながら船上で暮らしをたててきた。曲は「海女」で知られるが、元からそうだったわけではない。宮本常一によると、対馬で鯨組が盛んになったころ、男たちは鯨を突く「羽差」になって各浦へ散ってしまい、そこで残った女たちが潜りをするようになったのだという。折しも、例のアワビを煮て乾かした明鮑《めいほう》が「俵物」として重要な交易品に浮上してきたころ。だから、鐘崎海人の曲への定住を促したのも鯨組の隆盛が大きくかかわっていた、と宮本はみる。そういえば、曲の海人が得意とした「突き」と「潜り」は、家船漁師たちの十八番の漁だった。鯨組にとっても即戦力だったわけである。

さらに、瀬戸家船と曲海女に共通するのが、先ほど述べたように、天皇や藩主といった「貴種」との強いきずなだ。彼らはこうした貴種の手足となって動くことで、特権的な漁業権を保証されてきたのである。瀬戸家船の「領海渡世永々勝手次第」と曲海女の「対馬八海御免」。両者のお墨付きの何と似ていることか。

同じようなケースを他の家船で探せば、やはり瀬戸内海の能地漁民が挙げられるだろう。彼らも「浮鯛抄《うきたいしょう》」という巻物を大きな拠りどころとしてきた。そのいわれは、次のようなものである。――神功《じんぐう》皇后が三韓遠征の途中、能地に立ち寄られた。その時、船のまわりに多くの鯛が寄ってきたので、皇后が酒を注ぐと、鯛は酔って浮き上がってきた。漁民たちはそれをすくって、皇后に献上したところ、皇后は能地漁民に、海上はどこまで行って漁をしてもよい、とのお墨付きを与えられた――。ここでは、貴種は伝説上の人物・神功皇后になっている。かつて能地の船団は、この巻物を常に携えて出漁したという。

◆「白水郎《あま》」「土蜘蛛《つちぐも》」とは何者か

大村の殿様とのかかわりを中心とした瀬戸家船の歴史は、伝承の領域を抱えながらも、うっすらと立ち現れてきたようだ。

では、彼らの姿はどのあたりまでさかのぼれるのか。大村氏の敗走と潜伏を助けたのが文明年間（一四六九―八七）で、これが文献に顔を出す最初とすれば、上限として、まずは十五世紀後半ごろまでの足跡は確認できることになる。しかし、彼らはその時代に、いきなり現れ出たのだろうか。そんなことはないだろう。第一、大村氏の逃避行を長期間支えるほどの実力があったのだから、すでにその時点で幾ばくかの勢力をたたえていたと見るのが妥当ではないか。

そこで、彼らに先行する海の民の姿を求めて、さらに歴史を遡上することにしたい。時代は一挙に飛んで、古代――。そこから、今度は時代を下っていくことにしよう。

九州西北沿岸の古代を探るには、まず『肥前国風土記』に当たるのが一番いいだろう。『風土記』は官撰の郷土誌で、八世紀前半の成立。散逸が激しいが、肥前のものは比較的よく残っている。しかも他の『風土記』に比べて、海の幸や海の民にかかわる記述が圧倒的に豊富だ。その土地柄を考えれば当然のことといえる。

そのなかに「白水郎」という気になる言葉が何カ所か出てくる。これは「アマ」と読んで、海で漁をする人、つまり海人一般を意味する。なかでも男の潜水漁撈者（海士）を指す場合が多い。一説では、中国福建省の泉州というところは潜水漁が盛んであり、その「泉」をもらって二字に分け「白水郎」と表記したともいうが、定かではない。もし本当なら、それは海人の原郷とその移動をめぐる論議にもかかわってくるのだが、いまは措いておくことにする。

白水郎は『肥前国風土記』の中のどんなくだりに出てくるのか。

松浦郡「大家嶋《おおやしま》」の項には「大身という土蜘蛛《つちぐも》が天皇に背いて滅ぼされ、そのあとに白水郎が住みついた。周囲の海にはアワビ、サザエ、タイ、海藻、海松《みる》などが多い」とある。大家嶋は平戸島か的山《あづち》大島あたりといわれる。同じ松浦郡の「値嘉郷《ちかのさと》」の記述もよく似ている。「海のなかに多くの島々があって、大耳、垂耳という名の土蜘蛛が住んでいた。彼らは阿曇連百足《あづみのむらじももたり》に捕らえられたが、『御贄《みにえ》をつくって、いつまでも御膳にお供えしましょう』と謝ったので、許された」。続いて「海にはアワビ、サザエ、タイ、サバ、海藻などが見られ、そこに住む白水郎は、馬や牛をたくさん所有している」とも記されている。値嘉郷とは五島列島のこと。以上二カ所の白水郎は、その海産物の中身や牛馬を所有していることから考えて、潜りのアマ（海士・海女）を含んでいたとみられる。

白水郎は『万葉集』にも登場している。巻十六の「筑前国志賀白水郎歌十首」。それは宗像系海人と阿曇系（志賀島）海人の悲劇的な友情の物語である。――宗像郡の「百姓宗形部津麻呂《むなかたべのつまろ》」は対馬に食料米を送ることを命じられたが、自分は年老いたからと、その役を粕屋郡志賀村の「白水郎荒雄《あまあらお》」に譲る。荒雄は「舟を同じくすること日久し、志は兄弟より篤し」と快く引き受け、五島の三井楽から船出したが、途中暴風雨にあって海中に没してしまった――。

八世紀前半の出来事。舞台は玄界灘から五島にかけての九州北部海域。この白水郎は食料を運んでいるから、とりあえずは航海民ということになるが、単に船を操るだけの海人だったかどうか。志賀島の白水郎とあるから、男海士だった可能性もある。というより、この時代、漁撈民と航海民はそれほど截然と区別されていなかったと考えるべきだろう。ついでに言えば、三井楽は大陸へ向かう遣唐使船の最後の寄港地であり、冒頭に述べたように、当時の日本の西の最果てとされたところだった。

白水郎はこのくらいにして、もうひとつの気になる存在に移ろう。何度か出てきた「土蜘蛛」

だ。『肥前国風土記』における出現頻度からいうと、実は白水郎よりこちらの方が断然多い。西北部を中心に、計十一カ所に「土蜘蛛」ということばが登場する。これに土蜘蛛と思われる二人を加えると十三カ所。この数字は他の国の『風土記』と比べても群を抜いている。この一帯は、ほとんど彼らの巣窟だったのではないかとさえ思えてくるほどだ。

土蜘蛛とは何者なのか。「古代、大和朝廷に服従せず異民族視された人々の呼称。背は低く長い手足をし、穴居生活をしていたという」(『大辞林』)というのが一般的な理解である。大方は、禍々《まがまが》しい山の民を思い浮かべることだろう。ただ、その身体的特徴なるものは、「土蜘蛛」ということば自体から導き出されたものらしい。しかも、それはあくまで朝廷側から視線である。『肥前国風土記』に出てくる土蜘蛛は、そんなイメージとはかなり異なっている。十三カ所の内訳をよくみると、沿岸や島とみられるところに住む土蜘蛛は十カ所に及んでいる。これはどう考えても海の民である。地名比定の問題もあるが、大勢はまず動かないだろう。

幾つか例を挙げると、先の大家嶋と値嘉郷は、いうまでもなく平戸や五島あたりの島だった。彼杵郡の土蜘蛛は女で、名は速来津姫《はやきつひめ》。急流で知られる早岐の瀬戸あたりの女酋といったところか。浮穴郷は現在の諫早市南部海岸あたりで、ここに浮穴沫媛《うきあなわひめ》という女の土蜘蛛がいて、天皇に背いたので誅されたとある。周賀郷《すかのさと》の土蜘蛛は、暴風で沈んだ神功皇后のお伴の船を救い出しているが、この周賀郷を家船の本拠・瀬戸のすぐ南側の雪浦付近に比定する人もいる。

肥前の土蜘蛛の多くが海辺に住んでいたことは確かなようだ。しかも女の名前がしばしば登場し、特産品の筆頭にアワビがあげられている。ここから浮かんでくる像は、その多くは海人であり、明らかに海に潜る海士・海女もいたらしいということだ。水野祐は「異族としての土蜘蛛は、その分布や習俗から考えると、九州の海岸地帯に生活していた漁撈民集団で、……女の土蜘蛛は、すなわち海女集団であり、その名の示されているものは、海女集団の海女頭であったと解される」（『古代社会と浦島伝説・上』）とさえ言っている。

それにしても、『肥前国風土記』に描かれた土蜘蛛は哀れというほかない。朝廷側と平和的に事が運んだのは、神功皇后軍の船を救った周賀郷の話を含め二例のみ。あとはことごとく巡幸してきた天皇の軍と対立している。その結果は、謝罪、降伏、そして大半が誅殺である。ただし、大家嶋と値賀郷の例では、誅殺されたり降服したりした土蜘蛛のあとに白水郎が入ってきている。同じ海人なのだが、どうやらここには、「まつろわぬ民・土蜘蛛」と「服属した民・白水郎」を区別しようという意図が見え隠れしているように思われる。とはいっても、五島の白水郎は「容貌が隼人に似ていて、騎射を好み、その言葉も一般と異なる」とも記されていた。服属した白水郎にしても、中央からはなお異質な人たちと見なされていたようだ。

古代の海人というと、一般によく出てくるのが阿曇海人や宗像海人の名である。これに住吉海人を加えて三大海人ともいわれる。興味深いのは、いずれも玄界灘とその周辺をホームグラウンドとしていることだ。宗像海人は元々地元の神である宗像三女神を奉じてきたし、阿曇海人も筑前の糟屋郡安曇郷が本貫とされている。阿曇と兄弟関係にある住吉海人も、今でこそ大阪の住吉大社のイメージが強いが、その発祥を筑前に求める説も根強い。これら三大海人はいずれも、奉斎する海の神を軸にした集団であり、しかも王権とのかかわりのなかで登場することが多い。それは「記紀」の神話体系のなかに位置づけられた存在と言ってもいいだろう。

その点、わが西北九州の海人は、どこまでも磯くさい海人である。三大海人とは、どうも縁は薄いようだ。ただ、阿曇連百足という名が先の「値嘉郷」の章に出てきた。よく読むと、彼は朝廷軍の走狗として土蜘蛛征伐のために遠征してきた人物であった。そんなことが契機となって、その後、土蜘蛛たちも阿曇氏の配下に入ったことがあったかも知れない。阿曇氏の先祖とされる阿曇磯良は、長く海中に住んでいたせいで、顔にはカキや藻がいっぱいくっついていたという。阿曇氏も、元はといえば磯くさい海人だったのだろう。

もうひとつ、古代海人といえば「海部《あまべ》」を忘れるわけにはいかない。平安時代前期の辞書『和名抄《わみょうしょう》』には「海部郡」「海部郷」などの地名が数多く登場する。海人の住みついたところといわれる。しかし不思議なことに、あれほど海人の影の濃かった肥前国には、その地名は見当たらない。ただし『肥前国風土記』に一カ所「海部直鳥《あまべのあたいとり》」という人名が「三根郡」の冒頭に出てくる。海人集団の首長らしいが、そのエリアは「三根郡」とあるから筑後川下流域である。おそらく有明海とはつながっていただろうが、九州西北海域とはかなり隔たっている。思うに、一つの地名が成立するには、その場所にしっかり根付いた集団がいなければならない。移動性の強い海人にとって、その条件を満たすのは難しかったのかもしれない。

◆中世「海夫」と倭寇世界

「白水郎」と「土蜘蛛」。彼ら西北九州の古代海人は、その後どうなったのか。「白水郎」や「土蜘蛛」といった呼称は、やがて消えていってしまうが、しかし十世紀になって、この海域にその名も「海夫《かいふ》」といわれる人たちが姿を現す。以下、主として網野善彦氏の所説に拠って、その姿を追究することにしよう。

海夫が文献に初めて顔を見せるのは、長徳三年（九九七）十月の『小右記《しょうゆうき》』の記載である。それによると、武装した「奄美島の者」が筑前、筑後、薩摩、壱岐、対馬の「海夫」たちを襲い、掠奪・放火して「当国人」三百人を拉致した、という。大宰府からの解文《げぶみ》が伝える事件である。肥前、肥後の名が出てこなかったが、他の国名から推してそこに含まれていたと思われる。海夫が攻撃の対象になったということは、すでに西九州一帯で彼らが広範に活動していたことを意味するだろう。それにしても、この時代、まだ実像定かでない南海の離島「奄美島」の人々が九州本土を襲撃するとは、ちょっと奇異な感じがするが、これは後ほど大きなテーマになってくるはずだ。

海夫襲撃事件の二年後、『権記《ごんき》』によると、大宰大弐《だいに》が左大臣の藤原道長に「松浦海夫」の獲った「九穴の鰒《あわび》」という珍しいものを献上したとある。ここで注目すべきは、松浦という地名であり、アワビという産品である。その後、鎌倉時代以降になると、海夫はこの地方一帯の古文書に頻繁に登場するようになる。「粟崎海夫」「福嶋海夫」「保志賀海夫」「石田海夫」等々。また松浦党の斑島《まだらじま》氏の知行する「海夫源六一党十艘」という言葉も出てくる。これは源六という人が指揮する海夫船団のことで、船は十艘だったらしい。「『海夫』といわれた人々は、海を中心に生活し、船でかなりの範囲を移動した人々」であり「松浦党の武士たちは、そういう『海夫』を自分の手足にして海上活動を展開した」と網野氏は述べている。

海夫たちは、具体的に何をしていたのか。源六一党の場合、一艘につき干しアワビを夏と秋に五連づつ公事《くじ》として納め、焼きアワビ、若布などを節料《せちりょう》として出している。先の松浦海夫も、アワビを献上していた。これらからすると、彼らは海中に潜ってアワビを獲るアマ（海士）の性格を有していたことは間違いない。また海の武士団の手足となっているのだから、当然武力を行使したり、廻船として活動することもあっただろう。その一団は「船党《ふなとう》」とも呼ばれたが、それは彼杵荘の浦々にも分布していたという。

そういえば、二十年ほど前、海夫にかかわる興味深い発見があった。西彼杵半島から出土した大量の中世石塔の中に、その名も「海夫・道浦」と銘を刻んだものが見つかったのである。場所は大瀬戸町と背中合わせの西彼《せいひ》町八木原というところ。「道浦」は法名で、五輪塔の地輪前面に陰刻されていた。時代は十五世紀前半から半ばあたりとみられる。これは五輪塔をつくるほどの実力をもった海夫が、そのころ西彼杵半島の大村湾側にも存在していたことの何よりの証しといえる（大石一久『石が語る中世の社会』）。

この時代、「家船」ということばはまだ顔を見せない。けれど、瀬戸家船が大村氏を助けたという文明年間（十五世紀後半）までは、あとわずかである。

さらに、この問題は単に日本国内だけでは収まらない。近年、高橋公明氏は『朝鮮王朝実録』のなかの海人についての記事に注目している。そこには「以船為家」と表現される人たちが対馬、壱岐、北部九州にいたことが書かれていたのである。「家船」ということばそのものではないが、これは同じことであろう。十四世紀から一五世紀にかけての話である。

それによると、たとえば、倭寇が連行してきた朝鮮人被虜を本国に送り返した際、九州探題の今川了俊は朝鮮宛て外交文書で「海中の寇賊、舟を以て家と為し、風便に従い着落の処無し」と述べている。さらに、三浦《さんぽ》の恒居倭人《こうきょわじん》が事件を起こしていることを問われた対馬島主は、対馬には船を家としている者がいて、とても管理などできない、と答えている。三浦の恒居倭人とは、朝鮮半島南岸の三つの港に居留していた日本人のこと。後に彼らは「三浦の乱」を引き起こすのだが、そのとき投降した一人は朝鮮側にこんなことを告げている。「博多の島には海賊がいて、常に妻子を船に乗せ、弓や剣に長じ、水底に潜っては船に穴をあける者もいる」と。中世の倭海人について、朝鮮側から生々しい史料が飛び出してきたわけだ。

右の倭人の話に対して、高橋氏は朝鮮側にも似たような一団がいたという。「鮑作干」「鮑作人」とか「頭無岳」とか呼ばれる人たちである。前の二者はアワビを獲る人、後者は済州島の象徴である漢拏山《ハルラサン》の別名。いずれも済州島出身の人たちで、朝鮮半島南岸を船で移動したり海岸に小屋掛けしながらアワビなどを獲って回っていた。海賊行為も行い、よく倭人の衣服や言語を真似るので、朝鮮当局も頭を悩ませていた、とも書かれている。済州島や朝鮮半島の多島海地域にも「以船為家」の人々が横行していたのである。

倭人の服装や言語を真似る、と聞いて「倭寇」を思い起こす人も多いだろう。たしかに、これまで述べてきた海域を振り返ると、そのほとんどが倭寇の跋扈したところであることに思い至る。五島の白水郎は騎射を好む、と『肥前国風土記』に出てきたが、中世、その五島にも、隣の済州島にも「牧」（牧場）が広がっていた。済州島の牧は、ここを直轄支配した元によってもたらされたものだ。倭寇というのは陸に上がれば騎馬軍団に変身する。だから、その馬の多くも済州島あたりから供給されたものだろうという。

これらから、中世の倭人と済州島人のただならぬ交流を読みとることが可能である。というより、そこに見られるのは、単なる交流の域を超えた世界だ。網野氏は「全羅道、済州島、肥後をふくむ西北九州の間には、古くから海で結ばれた地域があり、そこには全く性格を同じくするといってもよい海民たちの、多様な活動が展開されていた。これらの人々の間では言語も共通していたのではないか」（『海と列島の中世』）と考える。そして彼らを「倭寇世界人」と呼ぶのである。ここでは、「国境」などという装置はほとんど意味をなさない。

◆宣教師たちの見た家船

こうした動きの後に、先にみた大村氏の時代がやってくるのだが、最後に「異人」たちの目に映った家船に触れておきたい。

十六世紀になると、イエズス会系の宣教師たちが相次いで日本にやってくる。「キリシタンの世紀」である。彼らは当時の日本についての記録を数多く残しているが、その中に家船に直接触れたとみられる個所もちらっと顔を出す。幾つかを取り出してみよう。まず横瀬浦にかかわるものを二つ。

「水先案内とバルトロメウは、……一軒の家屋のような屋根付きの、ふつう妻子も同乗させる、漁船に乗り込んだ。この船で彼らは横瀬浦港の視察に出かけ、そこが船を入港させるのに適しており、十分の深さがあることを認めた」(『完訳フロイス日本史⑥・大友宗麟篇Ⅰ』)

「この港は平戸より約六レグワにして、海上より来る時は頗る接近したる後にあらざれば外より港口を見ること能はず。……この島の内は甚だよき港なるにより船舶停泊す。この港を形成する入江の右方にキリシタンの村あり、……江内に多くの漁夫あり、その妻子とともに海上に生活し、夜は江内に来りて眠る。したがってこの地は魚類の供給豊富なり」(『イエズス会士日本通信・上』)

現在の横瀬浦

横瀬浦は西彼杵半島の最北端にあり、広い佐世保湾の南側の一角を形成している。それほど大きな入江ではないが、南に深く切れ込んでいて、船舶の停泊には絶好の場所だ。今日でも佐世保との間に連絡船が通っている。当時は大村純忠の領地だった。

この時代、ポルトガル船は平戸に入港していたが、領主松浦氏と折り合いが悪く、それに代わる新たな寄港先を探していた。前のフロイスの文章は一五六一年のもので、その有力候補として横瀬浦に目をつけ、日本人キリシタンが水先案内人とともに視察に出向いたことが記されている。一方、大村氏側もポルトガル船の来航は願ってもないことで、交渉の結果、港周辺の土地をイエズス会に寄進し、純忠自身もこの地で洗礼を受けている。わが国初のキリシタン大名の誕生である。商人やキリスト教徒たちは優遇され、港はにぎわったという。

後の文章には「一五六二年十月二十五日」の日付があ

り、「イルマン・ルイス・ダルメイダが横瀬浦より耶蘇会のイルマン等に贈りし書簡」という小タイトルがついている。けれど横瀬浦の繁栄は長くは続かず、二年後には大村氏の内紛で町や教会堂が焼き討ちされている。ちなみに、先の『日本史』を著したルイス・フロイスの日本初上陸地が、ここ横瀬浦だった。また、レグワとはポルトガル語の距離の単位で、平戸と横瀬浦間の距離はほぼ正確である。

そんな横瀬浦に家船がいたことが、右の二つの記録にさりげなく書かれているのである。しかも、ここが家船のちょっとした溜まり場になっていたらしいこともうかがわれる。意外なのは、「家屋のような屋根付きの、妻子も同乗させる」漁船、すなわち家船にポルトガル側が乗り込んで港を視察した、とあることだ。それがたまたま家船だったのか、あるいは宣教師たちと家船とは以前から近しい関係にあったのか、興味ある問題である。十六世紀後半、この横瀬浦に姿を見せていたのは、ここが大村氏の領地だから、当然瀬戸系の家船だったと考えて間違いないだろう。加唐島潜伏の純伊から数えて二代後の時代になる。

横瀬浦から離れるが、次の二つの記録にも家船が登場する。

「筑前の海岸に沿うて博多を過ぎ、諸島の間に出た時、これまでかつて見たことのないものを見た。我等の乗ってゐた船の付近に六、七艘の小さい漁舟があったが、この舟は漁夫の家となり、妻子・犬猫・食物・衣服及び履物その他、家財一切を載せ、各舟には唯一人船尾に坐って櫂

横瀬浦に建つルイス・フロイス像

を頭上に漕いでゐたのである」（『イエズス会日本年報・下』）

「この辺一帯の海岸、それから上って大坂に至るまで、一家眷属と共に海上の小舟の中に住む多くの婦女を見た。ちょうどオランダにおいて、同様のことが行われるように。これらの女は網や釣糸を免れた魚を潜って捕えるのである。しかも八尋も深く。彼女らの眼は始終潜るので、血のように赤くなっている。それで諸君は、潜り女と他のいっさいの女とを区別することができよう」（『セーリス日本渡航記・ヴィルマン日本滞在記』）

前の文は一五八六年十月十七日付で、「下関発、パードレ・ルイス・フロイスよりインド管区長パードレ・アレッサンドロ・バリニャノに贈りたるもの」とある。これもフロイスの報告である。この文の後に「我等は下関に着いた」とあるから、彼らが家船を見たのは、玄界灘でも博多から下関の間ということになる。しかも「諸島の間に出た時」と書かれている。この間で島影の濃いところを探せば、やはり宗像海域であろう。その中心が鐘崎だ。だから、この家船の主は鐘崎海人である可能性が高い。

後者のセーリス渡航記は、時代が少し下って一六一三年のもの。これまでの宣教師と違って、彼はイギリス東インド会社の貿易船隊の司令官である。同書のあとがきによると「国王ジェームズ一世の家康に宛てた書翰をたずさえて、対日貿易開始の使命を帯びて来航した時の航海記」ということだ。冒頭の「この辺一帯の海岸」とは博多あたりのこと。この文章の後にやはり下関の話が出てくるので、彼が目にしたのは、これも鐘崎あたりの家船ではなかったか。ただ「大坂に至るまで」とあるので、瀬戸内海の家船も含まれているかもしれない。イギリス人の目には「潜り女」、つまり海女のことが印象に残ったようだ。となると、やはり鐘崎の船か。いずれにしろ、この二つの家船は、そのエリアから考えて、瀬戸（向島）の家船ではなさそうだ。

◆浮上する九州西北の海人

今日の向島漁師の姿から始まって、古代の海人に至るまでを、時代をさかのぼる形で足早にたどってきた。舞台は、もちろん九州西北海域である。最後は倭寇などという壮大な世界を呼び込むことになったが、思えば海人というのは本来そういう存在だった。ともかく、その通時的な骨格だけは何とか立ち上がってきたようである。

船住まいしながら、ホコ突き、潜りなどで浦々を漂泊していた今日と地続きの時代、その前の藩主・大村氏との間の蜜月時代、またそれ以前の海の武士団に組み込まれていた海夫の時代、さらにその昔の白水郎とか土蜘蛛とか呼ばれた海人の黎明期――。これを時代順に並べ替えると「白水郎―海夫―家船」という流れになる。今日、この系譜をほぼ認めていいのではないか。付け加えれば、さらにその前に「今倭の水人、好んで沈没して魚蛤を捕え……」（『魏志倭人伝』）の「倭の水人」時代を置くことも可能だろう。

むろん長い期間だから、歴史のミッシング・リンクが完全につながったというわけではない。しかし、海夫と家船が、この九州西北海域のなかで、それぞれ先行する海人的伝統と無縁に出現したとは思われない。また、海の民が移動性に富むことはいうまでもないが、かといって、肥前の家船が瀬戸内海から移ってきたなどという記録や伝承は聞こえてこない。第一、漁のかたちが両者では異なっている。指標は潜りの有無である。潜りの比重が高い肥前家船に対して、瀬戸内海の家船では潜りはまず見られない。この差は大きい。

西海の海人の系譜については、すでに谷川健一氏と網野善彦氏によって一部言及されているのである。ただ、ともにさりげない形で書かれているため、これまでその意義がクローズアップされることはなかったように思う。しかし、九州西北海域に目を凝らそうとする者にとって、これは見過ごすことのできないテーマなのだ。

谷川氏は『古代海人の世界』のなかで「宇野御厨《うののみくりや》と呼ばれる松浦党の勢力圏は、すでに古来から家船や白水郎などの海人の生活圏であったところであり、……これら古代の伝統が、中世以降の海夫に引きつがれたとみるべきである」と述べていた。同じように、網野氏も『海と列島の中世』で「いわゆる家船―水上生活者と言われた人々が最近まで活動しており、恐らくはこの人々こそ海夫の流れをくむ人々であったと推測」している。また網野氏は別の論考で、五島列島・宇久島の平の海士についても「海夫の後裔とみてよかろう」と言っている。海士も家船と同列に扱っているのである。

家船と海士（海女）は二大海人といわれ、両者の関係については、海人のルーツともからめて様々に論じられてきた。古代の段階から「家船海人」と「潜水海人」を明確に分けようという研究者もいる。しかし、両者の区別はそれほど自明ではなかったのではないか。現に瀬戸家船は潜りを主要な生業にしてきたし、曲の海女は船で浦々を巡りながら暮らしをたててきた。もっとも、近年の曲は海女たちによる集団行動なので、正確には家船とは言いがたいが、男が鯨組に出て行く前は、家族がひとつ船に乗り組んでいたのは間違いない。

ちなみに、日本漁業史の第一人者、羽原又吉は「家船のビッグ・スリー」として、肥前瀬戸系統、能地系統、鐘崎系統の三つを挙げている。つまり、海女の本場といわれる鐘崎の海人を家船の範疇に入れているのである。時代をさかのぼれば、両者の区別はいっそう明瞭ではなくなってくるだろう。

さて、ここに至って気づくのは、「白水郎―海夫―家船」という海人連鎖が見られるのは、ここ九州西北海域だけではないか、ということだ。この三つがセットで揃っているところは、他には見当たらないように思われる。しかも、それらは古代から近代に至るまで脈々と引きつがれてきた。この海域を俯瞰するだけで、海人たちの壮大な歴史が一望のもとに収めることができるのである。注目すべきは、一貫して潜りが大きな位置を占めていることだ。さらに言えば、白水郎、海夫、家船、そのどれをとっても、この海域が分布の一大中心圏を成してきた。これは、やはり瞠目すべきことと言っていいのではないか。

これに近い例を探せば、霞ヶ浦・北浦を擁する常総地方あたりになろうか。網野氏によれば、西九州以外で「海夫」ということばが登場するのはこの地方だけであり、家船も近年まで見られたらしいという。古代の海人については、『常陸国風土記』に「白水郎」は出てこないが、二ヵ所でアワビがとれたことが記されている。あるいは潜りの海人はいたかもしれない。ただし、海人連鎖ということでいえば、質量ともにやはり九州西北海域が圧倒的だ。

こうして、顧みられることの少なかった九州西北海域の海人たちが、磯のにおいを全身にまとって、ここにやっと浮上してきた。

Ⅲ　石鍋と南島をつなぐもの

◆眠っていた石鍋遺跡

これまで「海人《かいじん》」ということばが何度も出てきた。彼らは何者か。ここらでいま一度確認しておこう。一般に、海人といえば海に生活の基盤を有している人たちのことを指す。当然、定着農耕民とは違う文化を持ち伝えてきた。ただその中でも、専業漁民として、一年の多くを漂泊・移動しながら海の上で過ごす人たちがいた。「漂海民」である。いわばコアな海人と言っていい。私たちが特に関心を寄せるのは、そんなコアな海人たちなのである。

かつては日本の西の果てと見なされた九州西北海域。その一角にあって、長らく「陸の孤島」と呼ばれてきた西彼杵半島。しかし、そこはコアな海人たちの文化を色濃く伝えてきた希有な世界であることが分かってきた。

この地域で「忘れられた文化」といえば、もうひとつあった。滑石製「石鍋」である。これも

石鍋の未完成品と破片（林吉行氏所蔵）

西彼杵半島の産だ。この石鍋が、実は古い時代の海域交流を担っていたことが、近年になって次第に明らかになってきたのである。それはどういうことか。

石鍋と聞いて、まず思い浮かべるのは韓国料理・石焼きビビンバの器だろう。たしかに、見た目はよく似ている。ともに調理用道具である。ただし、西彼杵半島産の方は滑石を加工したものだ。滑石は鉱物のなかでも最も軟らかいものの一つで、爪で引っかくだけで傷つけられる。蝋《ろう》のような感じで、加工が容易である。高熱に強く、保温性にもすぐれている。

そんな石鍋の破片が半島の山中に散在していることは、古くから土地の人には知られていたらしい。これまで何度か引いてきた『大村郷村記』にも石鍋のことが出てくる。「雪浦村」の項に、このあたりの深山に釜や臼の形をした石が見られるが、これは「平家の落人此山中に忍ふ時、飯を炊き米を搗《つ》くに用ひし其石なりと云」と記されている。石鍋が平家の落人伝説と結びついているのである。この時代（江戸末期）にして、この程度の認識だったということは、すでに石鍋の時代は遙か雲の彼方にあったということだろう。

西彼杵半島の石鍋が断片的ながらも関心を引くようになったのは、やっと明治になってからである。大正末期には、地元の研究者が「目一つ坊」と呼ばれる岩塊に分け入って洞穴を発見、これが石鍋工房跡であることを報告している。ずっと下って昭和五十四年、石鍋遺跡に初の本格調査のメスが入る。大瀬戸町教育委員会によるもので、町内全域の遺跡の分布調査に加え、「ホゲット」と呼ばれる遺跡については詳細な現地調査が行われた。翌年、調査報告書が刊行され、今日これが石鍋研究の基礎的な資料とされている。

昭和も終わり近く、山中深くに身を潜めていた不思議な石の塊は、ようやく日の目を見ることになったのである。ただし、今日の脚光を呼び込むには、さらなる別のステップが必要だった。それは追々明らかになってくるはずだ。

それにしても、「ホゲット」とは奇妙な響きである。それは地元の方言で「ホゲル」（穴があく）と「トウ」（洞）が複合したことばだという。現地に行くと、たしかにその説明にも納得がいく。ここが調査対象に選ばれたのは、何より規模が大きく、石鍋製作遺構の残りがよく、しかも製作工程がよく分かるから。雪浦川の中流、標高百二十メートル。それほどの高さではないが、「地形険阻」と報告書には記されている。

さっそく「ホゲット」を訪ねることにした。平成二十五年三月三十日。案内してくれるのは大

ホゲット第6製作跡（左右の滑石層から石鍋を切り出した）

瀬戸歴史民俗資料館の林吉行さん。河口の雪浦の集落は、古代土蜘蛛の巣窟だったともいわれるところだ。その河口を出発して、川沿いの道を上っていく。雪浦川は西彼杵半島最大の川で、上流は渓谷を形づくっているが、中流域からは急に川幅が広くなっている。この半島では珍しい。現在は上流にダムができて水量は少なくなったが、かつてはもっと豊かで、ゆったり流れていたという。河川交通にも便利だったことがうかがわれる。

車で川の右岸を約十五分。川幅が狭くなったあたりで左折して、かなり急な坂道を登っていく。振り向くと、遠くに五島灘がかすんで見える。ぼんやりと池島や沖ノ島の姿も。やがて車を捨てて、いよいよ山中へ。目指すは、ホゲットを代表する遺跡・第六製作跡である。ちょうど桜の満開の季節。「この山はマムシが多いので、山に入るには今ぐらいの時期がちょうどいい」と林さん。起伏の激しい雑木林が続く。道らし

岩壁面に残った石鍋の粗型

い道はない。所々、奇妙な形をした岩が地表にせり出している。

山に分け入って四十分ほど経ったころ。平らな岩場が続いたかと思うと、突然、足元の少し先に巨大な岩の裂け目が目に飛び込んできた。ここが第六製作跡だ。亀裂は人が互いにすれ違えるほどの幅。チェーンを伝って、その隙間を慎重に降りていく。左右の岩壁は一面の滑石層である。下から見上げれば、五メートルぐらいはあるだろうか。そこら中にノミ跡や壁をくり抜いた痕跡が残っている。石鍋の粗型を切り出した跡だ。なかには、取り出す直前に放棄したのか、壁に張りついたままの丸い粗型も見られる。直径三十センチほど。ここが大規模な石鍋製作所だったことがわかる。気の遠くなるような時間をくぐってきたにもかかわらず、岩壁の凹凸は妙に生々しい。今し方まで作業していたのではないかと思えるほどだ。

昭和五十四年の調査では、堆積した土砂の中から数多くの石鍋失敗品、それに焚き火の跡も発見している。焚き火跡の炭の年代を調べたところ、「西暦一〇〇〇年前後」という結果が出た。調査団の中心メンバーだった下川達弥氏は「この年代は生活跡の発掘調査による成果や古文書史料の年代と大差のないものである」と言っている。「石鍋の時代」というは、今からおよそ千年も前のことだったのである。

石鍋がつくられたのは、もちろん西彼杵半島だけではない。福岡県大牟田市や山口県宇部市などでも製作跡が発見されているが、その規模は西彼杵半島、なかでも大瀬戸町の雪浦川流域が圧倒的だ。半島の山間部には滑石層があちこちに露出していて、大半は露天で切り出したようだが、一部では坑道堀りの跡も見つかっている。山中での仕事は、おそらく粗型段階までだったと思われる。現在確認されている製作遺跡は、大瀬戸町を含む西海市で約七十カ所。そのほとんどが山の中腹以上に立地している。当然、石塊を運び出すのは困難を極めたはずだが、その多くは川の近くにあるので、おそらくは河川を利用して搬出したのだろうという。ホゲットも眼下には雪浦川が流れていた。

◆タブーに包まれた石鍋山

石鍋製作跡には、なぜか奇妙な名がついて回るようだ。「ホゲット」のほかに「目一つ坊」遺跡というのも出てきたが、こちらにはまだ本格調査の手は入っていない。雪浦川支流の河通《ごうつう》川流

目一つ坊の岩塊

域。その南岸にそびえる巨大な岩塊が「目一つ坊」だ。そこには二つの大きな洞穴（坑道）があり、内部の壁には無数のノミ跡が残っていることは大正末期に確認されている。しかし、洞窟に近づけば必ず災いが身に及ぶという伝承が古くからあって、ここに近寄る人はめったにいなかった。最近、一帯を探査した林さんによると、「近くには、結晶片岩でつくった四角い水溜めがある。おそらく、これはノミをとぐ場か鍛冶屋さんの跡ではないか。石垣を積んだ平地もあって、こちらは納屋場の跡かもしれない」ということである。かなりの規模の石鍋工房だったことは間違いないようだ。

この「目一つ坊」という名も、「ホゲット」以上に引っかかるだろう。一体それは何を意味するのか。だれが、なぜ、こんな名をつけたのか。何やらただならぬ気配が漂っていなくもない。あえて踏み込んでみたくなる。

そこで思い浮かぶのが谷川健一氏の説だ。氏によれば、わが国には古くから「目一つの神」の伝承があって、それは鉄や銅を製錬する人たちに特有の職業病に由来する、という。つまり、長い年月、彼らは炉の炎を見つめながら作業してきたせいで、いつの間にか一眼を失った者が多く、その果てに「神」と崇められるようになったというのだ。金属の製錬というものが、当時の農民たちにとって絶対真似のできない技術と映っていたからである。

ここからすると、雪浦の「目一つ」はどういうことになるのか。かつて、このあたりの山に製錬を業とする人たちがいて、その伝承が地名に残った可能性がひとまず考えられるだろう。しかし今日、その種の遺跡や言い伝えは聞こえてこない。強いていえば、十七世紀、雪浦川中流域の奥浦に金山のあったことが知られているが、場所がかなり離れており、しかも一年足らずで採掘を中止したという。関係はなさそうである。

となると、どうしても「目一つ」を石鍋と関連づけたい誘惑にかられる。

かつて鍛冶屋というのも特殊な技術の持ち主であり、神に近い存在と見なされていた。山中の石鍋製作現場にいただろう彼ら鍛冶屋を、周辺の農民や漁民たちが「目一つ神」と見なしたことはなかったかどうか。あるいは、山の中の岩壁や洞窟から石鍋を切り出す人たちを、鉄や銅をつくる民と見紛った可能性はないか。そういえば、雪浦川流域に「マブノクチ」という地名がある。「マブ」は「間歩」で、近世の鉱山の坑道を意味する。石鍋を取り出す現場が金属鉱山に見立てられていた節もあるが、それにしても両者の時代的な開きは大きい。まあ、「目一つ坊」と

雪浦川下流域（川幅は広く、ゆったり流れている。向こう側が河口）

いう地名がいつごろ成立したのかさえ定かでない中で、いささか想像の翼を広げすぎたかもしれない。

そんな深読みから離れて、石鍋製作の現場を素直に見つめれば、どうなるか。これはホゲットの方だが、例えば岩に残された奇妙な丸い石鍋の粗型（一〇一頁写真参照）を、後世の人が見つけたものの、思案にくれ、あるいはこれを「目一つ神」のたぐいと考えたことがあったかもしれない。いや、この方がありそうなはなしである。

いずれにしろ、石鍋を切り出す山には、なぜか一種のタブーのようなものがまとわりついているのである。「目一つ坊」の洞窟がそうだったが、「ホゲット」の山も、昔から入山すると必ず「たたりがある」といわれ、あえてこの山に足を踏み入れることはなかったという。山中には野石を積み上げた無縁墓が二カ所あり、ともに平家の落人の墓だとされている。一方で源義経の家来である弁慶の足跡も残されているという

（『大瀬戸町郷土誌』）。平家の無縁墓というのは、もしかしたら石工たちの墓だったかもしれない。石鍋の山は、普通の里山や奥山とは、どこか雰囲気を異にしている。

「目一つ坊」ということばが喚起するのは、山にうごめく「非常民」たちの世界である。今から千年も昔、人影めったに動かぬ辺境の地で、山中深く分け入っては不思議な石塊を切り出す一群の人たちが、村びとの目にどう映じたか、想像に難くないだろう。それは、ほとんど「異類異形」の集団に見えたにちがいない。しかも、彼らは早々に歴史の舞台から姿を消すのである。

◆南島史を揺るがす喜界島

これまでは石鍋をつくる側の話であった。これからは石鍋を使う側に話を移さねばならない。当然、そこには流通の問題もからんでくるはずだ。

そもそも石鍋は何に用いられたのか。再び平安貴族の日記『小右記』を持ち出すと、万寿四年（一〇二七）十二月、肥前守貴重《たかしげ》が藤原実資《さねすけ》に丁子《ちょうじ》、緑青《ろくしょう》、檳榔《びんろう》などと並んで「温石鍋《おんじゃく》」というものを進呈している。これが石鍋らしい。中央貴族への贈り物になるくらいだから、高価な貴重品だったことは間違いない。しかも贈り主は肥前国司である。当然、石鍋は西彼杵半島産だったと考えられる。平安後期から鎌倉時代の文献には、甘葛や芋粥の料理に石鍋が使われたことが記されている。この時代の芋はヤマイモのこと。芋粥は『今昔物語』にもあるように、貴族たちの饗宴の席によく登場した。石鍋は煮炊き具でありながら、とても庶民の手の届く品物ではなかったことが分かる。下川氏の計算では、石鍋四個が牛一頭の値段に相当しただろうという。

では、これら石鍋は、どの方面に流れていったのか。その分布と流通である。ここでは発掘の成果に拠らなければならない。

新里亮人氏によると、石鍋は東北から琉球列島にかけて出土し、時代は平安時代末期から室町時代にかけての期間。その数は、九州以南だけでも九百遺跡を数えるというから相当なものである。注意すべきは、時代によって石鍋の形態が変化することだ。大きく分けて、前期は方形の耳をもつ「把手付石鍋」、後期は外側に鍔《つば》を巡らせた「鍔付石鍋」になる。

この二つのタイプに応じて、地域分布も大きな偏りを見せる。全体的に博多、大宰府を中心とする九州北部が一番多く、九州西北部も生産地に近いせいか、かなり多い。ただ後期になると瀬戸内以東にも流れて、近畿や関東からも相当数出土している。ここで問題なのは、前期の把手付石鍋に限ってだが、九州北部・西北部に次いで琉球列島が分布の中心を占めているということだ。しかも「主として九州から琉球列島へと南下するように分布している」という。この時代、大量の石鍋が南の島へと運ばれていったのである。具体的な時期については諸説あるが、十一世紀後半以降というのが今のところ有力だ。これらは、どう考えればいいのか。

その前に、ここでどうしても言及しておかねばならない遺跡がある。南海に浮かぶ喜界島《きかい》・城久《ぐすく》遺跡群のことだ。

喜界島は奄美大島の東二十三キロの海上にある隆起サンゴ礁の島。周囲約五十キロ。山らしい山はなく、平べったい形をしている。城久遺跡群とは島の中央部にある八つの遺跡の総称で、近年、研究者たちの注目の的になっているのである。ここから大型の掘立柱建物跡、高級な船載陶磁器、それに土師器《はじき》、須恵器《すえき》などの外来土器が大量に出土したからだ。時代は九世紀から十四世紀ごろ。在地的要素は希薄で、その規模からここに大宰府の出先機関があったのではないか、との説も出ている。さらに最近、この島で製鉄まで行われていた、というニュースも飛び込んできた。島南西部の崩《くず》り遺跡から、十二世紀ごろの炉跡や鉄滓《てっさい》などが出土したというのである。砂鉄から鉄を取り出していたらしい。

本土の遺跡を思わせる数々の出土品と大規模集落跡、加えて今度は製鉄の跡。こんなものが南海の離島・喜界島から出てくるとは、これまでだれも想像しなかったことだ。その通りなら、この時期、琉球弧における最先端地域は喜界島だった、ということになる。とくに鉄である。それは大きな権力の発生を促し、国家の形成に深くかかわる。喜界島の鉄は、どこに向かったのか。沖縄本島から遠く離れた小さな島が、古代・中世の南島史を書き換える存在として急に立ち上がってきたわけだ。旧来の「琉球王朝中心史観」も大きく揺らぐかもしれない。打ちつづく喜界島ショック——。議論はなお途上だが、この島が南島の一大交易センターであったことは確かなようだ。

◆琉球社会の劇的転換

さて、石鍋。実はその城久遺跡からも大量に出土しているのである。それにしても、何のために石鍋はわざわざ南の島々に持ち込まれたのか。

一つのユニークな仮説がある。田中史生氏によるものだ。氏は「列島の他の地域ではまだ広がりをみせない石鍋が、なぜ琉球列島の人々にはすぐに受容されたのか」と問い、次のように考える。琉球列島には、外来者に対して煮芋をふるまう風習があった。これが当時の宋商がもたらした石鍋と結びつく。つまり城久遺跡では、宋商と彼らとの間に石鍋をはさんでの饗宴が行われていたのではないか、そして「交流拠点たる喜界島に、宋や高麗、日本、琉球列島の人々が集い、饗宴を介した異文化交流があった」（『越境の古代史』）のではないか、というのである。

異文化交流の中心の座にすわる石鍋。楽しそうな光景が目に浮かぶが、どちらかというとこれは石鍋受容のスムーズさに触れたもので、大量流入の動因を説明したわけではなさそうだ。これとちょっと似ているが、石鍋は南島へ進出した博多の宋商人たちの生活用具として広がった、とみる研究者もいる。

右のような説に対して、石鍋が交易品として持ち込まれた可能性も当然考えられるだろう。その場合、南島側の物産としては、ヤコウガイ、赤木、硫黄、クバ（ビロウ）といったものが候補として挙げられる。なかでも、ヤコウガイは近年注目されている交易品だ。当時、本土では螺鈿《らでん》の材料として需要が高まっていたが、その貝殻の集積遺構が実は奄美大島の東岸から相次いで発見されているのである。名瀬の裏側の太平洋側に位置する小湊フワガネク遺跡がその代表格だ。遺跡近くの渚に立つと、東方海上に喜界島の低い島影がくっきり見渡せる。船で行き来するのは簡単なことだったろう。安里進氏は「石鍋は、八郎真人《はちろうのまひと》のような日本商人が十一世紀ごろに、ヤコウガイなどとの交易品として持ち込んだ」と考える。

石鍋が南島へと向かったのは、やはり交易のためだったのか。それはひとまず措くとして、結果として、石鍋は思わぬインパクトを南島社会にもたらした。

石鍋は沖縄諸島に流入したかと思うと、やがて宮古島との間の二百キロの海域を一挙に越えて、先島諸島にまで達した。分布の南限は波照間島《はてるまじま》である。同時に、琉球列島各地でその形を模した石鍋模倣土器が作られるようになる。とくに先島では、長らく無土器の時代が続いていただけに、石鍋の出現はいわば一種の「黒船」だった。

さらに、この時代、石鍋と肩を並べるようにして南島一円に流通した焼きものがあった。奄美大島の南西、徳之島産の「カムィヤキ」（亀焼）である。須恵器によく似た無釉の土器で、高麗陶器の影響があるともいわれている。以前から南島の「類須恵器」として、その産地は謎につつまれていたが、一九八三年に徳之島伊仙町で窯跡が発見され、決着がついた。これも先島の波照間島や与那国島から出土している。

石鍋とカムィヤキが奄美から八重山まで広がったことで、どういう事態が起きたのか。まず何より、これまで異なる文化圏として別々の道を歩んできた沖縄諸島と先島諸島が、初めて一つの文化圏に統一されることになった。注目されるのは、それが琉球列島における「農耕社会の成立と足並みを揃えるように出現する」（新里亮人）ことだ。この時期、多くの遺跡から炭化米や鉄製の農具が出土しはじめ、集落も発達してくる。この結果、ついに琉球列島は「貝塚時代」から「グスク時代」へと二大転換を果たすことになるのである。ここまでくると、国家の形成まであと一歩だ。十一世紀後半から十二世紀のこと。その意味で、石鍋は琉球社会における新時代を演出する一翼を担ったといえるだろう。

◆石鍋を運んだ人たち

石鍋の南島への流入を少し詳しくたどってきた。その際、頭の隅から離れなかったのは、誰がそれを運んだのかということだ。つまり石鍋の流通を担った主体である。その候補の一部については、すでにちらっと顔をのぞかせている。

まず宋商人というのが出てきた。この時代は日宋貿易の全盛期。彼らの多くは博多に居を構えながら、主として中国・寧波《ニンポー》との間を行き来していた。博多遺跡群から出土したおびただしい中国陶磁器は、その交流を雄弁に物語っている。彼らは「博多綱首《こうしゅ》」と呼ばれ、地元の有力寺社とも深い関係を取り結んでいた。今日、九州の北岸と西岸に「唐房」（唐坊）という地名が何カ所か残っているが、それは彼ら宋人たちの居留地だったところだろうといわれる。いってみれば「中世のチャイナタウン」である。博多を中心に、九州各地の唐房はネットワークのような形でつながっていたらしい。こう見てくると、石鍋をめぐる南島交流は、日宋交易という大きな流れのなかの一つの分流ということになりそうだ。そういえば、この時代、中国産の白磁も石鍋と並んで琉球諸島へ運ばれていた。

石鍋を含む南島交易を担ったのはやはり日本の商人ではないか、という説も根強い。この場合、大方は博多の商人を念頭に置いているのだが、ここでは先に登場した「八郎真人」という男を見てみよう。

彼は『新猿楽記』(十一世紀半ば)に登場する商人の首領で、交易の範囲は「東は俘囚《ふしゅう》之地」から「西は貴賀之島《きかいがしま》」に及ぶ、と書かれている。前者は東北地方、後者は喜界島のことらしい。ここにも、喜界島が出てくる。ただ、これは活動範囲の広さを象徴的に表現しているのだから、「貴賀之島」とは広く奄美諸島を指しているとも考えられる。つまり、当時の東と西の境界領域である。八郎真人が扱う品物は貴重品が多く、そのなかには夜久貝(ヤコウガイ)、流黄(硫黄)、赤木といった南島産のものも含まれていた。彼は実在の人物ではなく、あくどい商人の典型ということらしいが、当時の実態が反映されていることはいうまでもない。硫黄は薩摩半島南方の硫黄島(鬼界ヶ島)の産で、博多を経由して中国へ渡ったとみられる。

こうした宋商人、日本の商人のほかに、徳之島のカムイヤキを南島全域に運んだ主体として、琉球の商人や城久遺跡の有力者なども候補に挙がっている。

以上のような商人たちとは別に、在地勢力の存在に目を向ける研究者もいる。とくに彼杵氏ら肥前平氏と阿多氏を代表とする薩摩平氏である。両者はともに伊佐平氏の流れをくんでいて、関係が深かった。彼らが手を結べば、九州西岸の北と南はほぼカバーできることになる。しかも、阿多氏の勢力は南島にまで及んでいたといわれる。ここから浮かび上がってくるのは、九州西北海域と南島をつなぐ海域ルートの存在だ。ただ、彼らが石鍋の運搬にどうからんでいたのか、いなかったのか、もちろん明らかではない。

いずれにしろ、この時代、博多—琉球列島—中国・寧波—朝鮮半島をめぐって、ヒトとモノが幾重にも渦巻いていたことがわかる。「環東シナ海交易圏」である。その琉球列島における交易拠点が喜界島だった、ということになるだろうか。

◆「海夫」と石鍋は出合ったか

南島交易を司っていた内外の有力商人たち。しかし、実際に交易に従事していたのは彼らだけだったのか。とりわけ、石鍋の場合である。そのすべてが宋商人や博多商人らの手によって運ばれたと考えていいのだろうか。ここで再び西彼杵半島に目を向けてみたい。この時代、石鍋の産地だった西彼杵半島周辺を闊歩していた海の民といえば、あの「海夫」を措いてほかにない。海夫たちが南島交易にかかわった形跡はないのか。また、彼らが実際に石鍋を運んだことはなかったか。

石鍋を携えた「家船」の南下については、やはり谷川健一氏の指摘があったが、これをもう一歩前に進めてみよう。ヒントになる出来事があった。例の「奄美島人による九州襲撃事件」だ。これを再び俎上に載せたい。

『小右記』によると、それは長徳三年（九九七）、奄美島の者が九州西岸、壱岐・対馬の海夫を襲い、約三百人を掠奪したという事件だった。ここで注目にしたいのは、奄美からわざわざ遠征してきて、他でもない九州の海夫を襲ったということである。なぜ海夫がターゲットになったのか。これについては最近、山里純一氏が「奄美島人の襲撃事件は南島と九州との間で行われた交易に関わるトラブルが原因であった可能性が高く、その交易を担っていたのが海夫であったと思われる」（『古代の琉球弧と東アジア』）という興味深い説を提出している。つまり、海夫が南島交易に参加していただろうというのだ。そして一方の交易品として、やはりヤコウガイとホラガイを挙げている。

では、トラブルの原因は何なのか。氏は「たとえば海夫による交易において、対価物や転売の問題など著しい不公平な取引があったとか、あるいは海夫の中には自ら潜水してヤコウガイやホラガイを捕獲する者がいて、奄美島人の利権が損なわれるような事態が生じていたことなどが推測されよう」と具体的に指摘している。海夫というのは、何度も述べたように、古代の「白水郎」の流れを引く海人であり、もちろん潜りも得意だった。あるいは、交易先の奄美あたりで勝手に海に入り、ヤコウガイなどを獲ったりしたことがあったかもしれない。とすれば、奄美島人による九州襲撃はその報復ということになる。

それにしても、攻撃の内容が大規模で激しい。島の人の力だけではとても無理である。背後に大きな勢力が控えていたと見なければならない。ここで浮かび上がってくるのが、あの喜界島に集う集団である。そこは一大交易拠点だったから、本土の人間はもちろん、高麗人や宋人たちも混じっていたかもしれない。そのネットワークにつながる人々が一団となって九州西岸の海夫たちを襲ったと考えれば、この意外な事件も一応説明がつく。壱岐・対馬まで襲撃対象になったのは、そこにも海夫や交易者がいたからか。ここまでくれば高麗は目と鼻の間である。

海夫が南島交易にかかわった可能性は、これでかなり高くなってきた。彼らは交易の最前線で、船を動かしたり荷役を受け持ったりしていたのかもしれない。

そこで、もうひとつの疑問が浮かんでくる。その時、彼らは空船で南へ向かっただろうか、ということである。まず、そんなことはないだろう。ここは、やはり交易品として地元（西彼杵半島）の産物も船に積み込んだと考えていいのではないか。すなわち石鍋だ。この時代、この地域で交換に足るものといえば、石鍋しかない。相手の品は、もちろんヤコウガイを中心とする琉球弧の産物だったろう。その際、海夫たちは、どんな形で南方へ向かったのか。単独でか、集団でか、あるいは大商人たちの船団に組み込まれた形で参加したのか。さらに、石鍋とともに積み込まれた交易品は何だったのか。それらは、もちろん定かではない。ただ、海夫の南下を想定することで、石鍋の大量移動も少しは腑に落ちるような気がするのである。

海夫と石鍋の結び目が、何とか見えてきたようだ。

ちなみに、先の海夫襲撃事件（十世紀末）の契機となった交易の際にも、彼らは石鍋を携えて行ったのだろうか。石鍋が南島へ流入した時期は十一世紀後半以降という説に従えば、その折は石鍋は含まれていなかったということになる。しかし、石鍋の製作はすでに十世紀には始まっていたともいわれる。とすると、襲撃事件の前から石鍋が琉球列島に渡っていた可能性も考えられるだろう。

家船（海夫）と石鍋、あるいは漂海民と南島交易——。両者は本当に出合っていただろうか。何しろ千年ほど前の話だ。なかなかすっきりとした像は浮かんでこない。断片的な情報をつなぎ合わせながら、何とかその可能性の糸を手繰ってみたのだが、さてどうだろう。ただ細い糸ではあっても、曲がりなりにもつながっていたと考えたい。

思えば、ここに至るまで、ずいぶん回り道をしてしまったようだ。だが、ある遠い時代、列島の西と南の果ての海域で繰り広げられた数々のドラマは、驚くほどダイナミックだった。小さな船と小さな石の鍋、それらもまた、半島や島々の入江を後にして、東シナ海をめぐる歴史の渦のなかに身を投じたにちがいない。その動きは確実に「世界」につながっていたはずだ。辺境から世界へ。そんな時空に、いま、やっと光が当たろうとしているのである。

第二部　対馬・曲《まがり》の海女

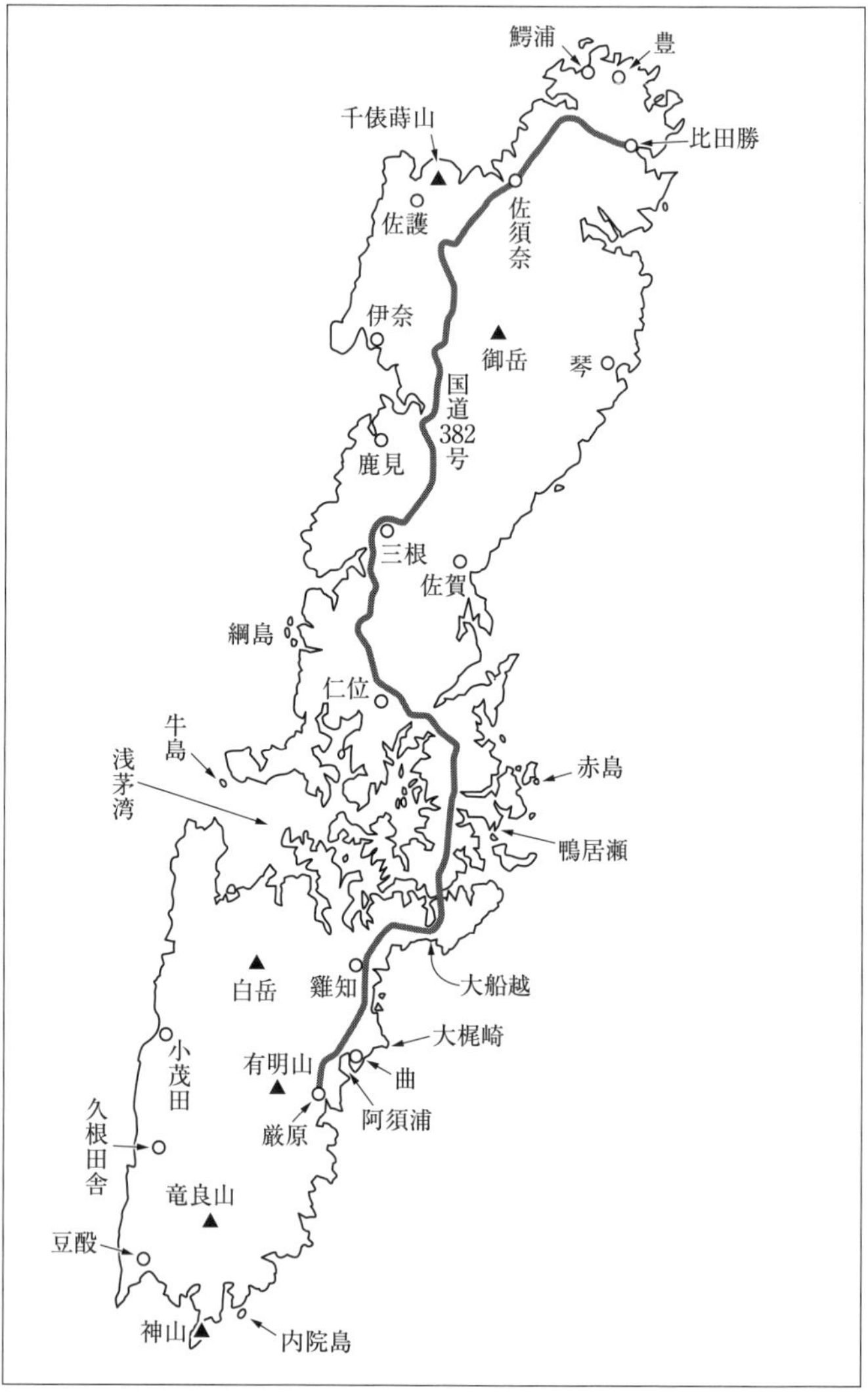
鰐浦
豊
千俵蒔山
比田勝
佐護
佐須奈
伊奈
御岳
琴
国道382号
鹿見
三根
佐賀
網島
仁位
牛島
浅茅湾
赤島
鴨居瀬
白岳
雞知
大船越
大梶崎
小茂田
有明山
曲
厳原
阿須浦
久根田舎
竜良山
豆酘
神山
内院島

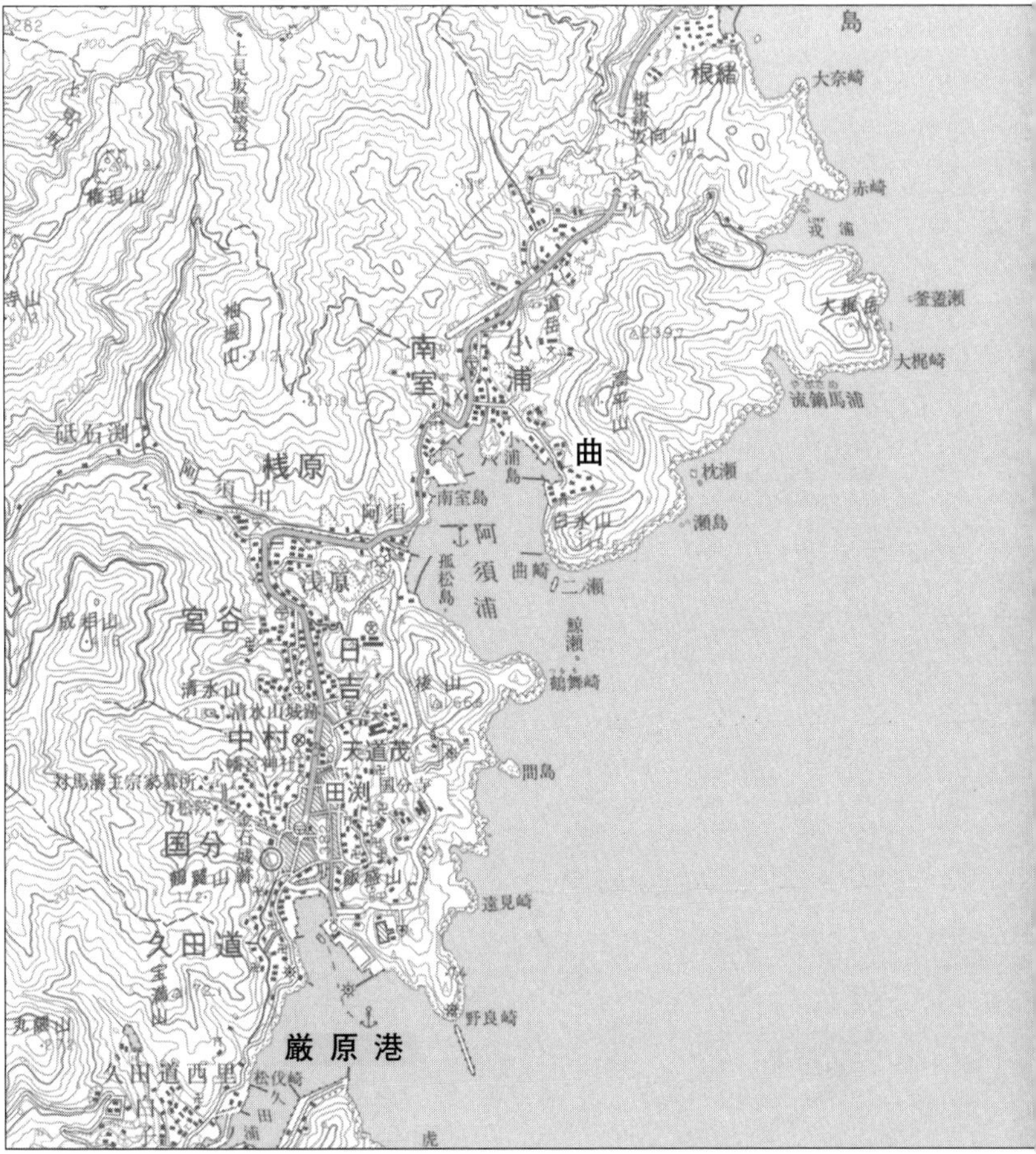

島
根緒
大奈崎
赤崎
戎浦
釜蓋瀬
大梶岳
大梶崎
流鏑馬浦
上見坂展望台
権現山
南室
小浦
曲
枕瀬
瀬島
砥石渕
桟原
阿須川
南室島
阿須
阿須浦
曲崎
二瀬
宮谷
成相山
日吉
清水山
清水山城跡
中村
天道茂
八幡宮神社
間島
対馬藩主宗家墓所
田渕
国分寺
国分
金石城跡
飯盛山
遠見崎
久田道
野良崎
厳原港
久田道西里

Ⅰ　海女——海底労働の世界

◆曲海女トメ・べーべー

曲《まがり》の老海女は陽気である。老人会の集まりでも、男の方はもう完全に押されっぱなしだ。「一等海女の時分はよかったの。男もなあもいるもんかち思いよったが」ひとりがこんな軽口をたたけば、回りのものが七五調で混ぜっ返す。「何の因果で海女なろた。花の盛りは海の中……」

ずいぶん大きな声でやり合うものだと思ったら、長い潜り生活で耳を悪くした海女が多いからだと後で聞かされた。

そんなにぎやかな座にあって、ひときわ威勢のいいべーべー（おばあさん）ひとり。潮やけした顔に、しゃがれ声がよく似合う。「やったもんですぞ、曲の海女は。わたしゃね、海女の先生じゃちゅていわれよったが」。このべーべーは、いつもそういって切り出す。

梅野トメさんは明治三十五年生まれ。当年七十七歳である。「対馬八海、曲海女の姿見ぬところなし」とうたわれた時代、家船をかって浦から浦へ、磯から磯へ、アワビやサザエをあさって歩いたひとりである。この時代を語れる海女は、曲といえども、もうそれほど多くはない。

対馬の玄関口・厳原《いずはら》港から北へ車で二十分もいくと、右手に阿須浦という小さな湾が見えてくる。その入江の北の出口側に位置するのが曲部落だ。三方を山に囲まれ、海にころげ落ちんばかりに軒を争う姿は、どこにでもある純漁村のたたずまいだが、人びとの語り口や仕草には、ある種の伸びやかさが見てとれる。もとをたどれば漂泊・移動の民だったという彼らの出自が、そうさせるのだろうか。ここだけはどうも、対馬的風景のなかにうまく収まってくれない。そんな感じのする村なのである。

対馬といえば、ここへ足を踏み入れるものはまず、この島を包む一種異様な重苦しさに戸惑う。それはたとえば、瀬戸内の島々とはどこかひどく異なっている。風土性の違いということは、もちろんあるだろう。一方が耕して天に至る島なのに、もう一方は人を拒むような山々の連なる離島だ。海にしても、波おだやかな内海に対して、こちらは前方に荒海・玄界灘が立ちはだかる。しかし、それだけではないらしい。自然的風土だけでは説明しきれない対馬の表情――それを「歴史的静けさ」と呼んだのは谷川健一氏だった。

原始の神々が眠り、古い村落組織がいまに残る島。神功皇后の三韓征伐伝説から近くは朝鮮戦

曲の港（右端が山住神社）

争まで、大陸とのはざまにあってつねに緊張を強いられてきた島。幾重にも刻まれた歴史のひだが、島の人たちの息づかいを隠すのだろうか。

ここ曲は海女部落だった。対馬の輪郭をざっとなぞっただけでも、やはりこの一角だけは異質な歩みかたをしてきたと言わねばならないようだ。トメさんの語りからも、それは十分に汲みとることができる。

「いまどきは八つ（数え）になったら学校に行こうが。けんどもわたしゃ八つになって海に入った。あの時分はな、ここのひとは学校行ってなあにするか、はよ泳ぎおぼえて潜れ、そういいよったが」

それから七十年。トメさんは、いまでもテングサ時期になると、日に三回は潜る。れっきとした現役の海女である。

「わたしゃ今でもはだかで潜りよると。ラッカサン（潜水着）みたいな変なシナ着らんけ。十年前に買うて持っとるけんどもね、一回着てみたら胸が切ないようにあるけ、もう着らん。やっぱ、はだかが一番ええが」

冬の海も、はだか潜りだ。

「十一月や十二月の寒いときゃ、ものの十分も海に入っとると体が冷とうなってくる。それでも日に四回は入りよったが。だいたい冬は一回入ると七カシラじゃね。一カシラは一潜り。この時分はそりゃ寒いけね。はあ、七カシラいて『温もうや』ちゅうて船にあがる。船の上にゃ火ばちが置いてあるけんども、初めのうちゃ火にあたりよるのか、あたりよらんのか、なあんも覚えんも。それから一時間ぐらいかの、ちいっとばかし温もってきたら、今度は『ぼちぼち、しまおうや』と、こういう。支度しようや、とな」

船にあがると、まずドンザ（ボロや古綿を入れた着物）をひっかけ、「ゴンゴン燃えよる」火ばちに冷えきった体を押しつける。時には思わず炭火を手づかみすることさえあったという。感覚がなくなっているので、熱くも痛くもない。老海女の太ももや腹には一面に紫色の斑点が残っていることがある。これを「アマメ」と呼んだ。火形のことである。火傷そのものではないが、それに近い。

傍目《はた》には何とも過酷な冬の作業に映るのだが、どういうわけか、彼女たちは「冬の海がおもしろか」という。なぜなのか。「そりゃ一回潜ってみりゃ、すぐわかる。冬は藻が全然ないけ、海がきれいなもんじゃ。アワビやサザエやナマコがよう見える。ちょこっと入っても、夏のいまご

じんべえ姿のトメさん

ろより、ようけ稼ぐも」

この調子だから、海に入ってならない日は、まずない。月事の折でも潜った。この時は、ふつう「赤不浄」といって、漁村では様ざまな禁忌を伴うのだが、ここはおかまいなしである。船の上で子供を産んだひともいる。そのときは連れの海女が赤ちゃんを取りあげた。海からあがった翌日に出産したという例も多い。トメさんは「腹の子が十ヵ月ぐらいまでは潜りよった」という。二週間も休めば、また海へ戻る。どうやらこの村は「血の忌み」に対する観念がうすい。これもまた、海女社会を考える際の大きなカギになりそうだ。

「わたしら海女さんがな、海んなかから顔ば出して『プッー』とひと息ついたら、船頭さんが『アッ！』ちゅうて気合ばかけてくれる。すっと『あぁ、この船頭さんええなあ。今度からこの船さ行こうや』と、みんなでこういいよったが。アッハハ。うれしいもんですぞ。こん時は。ほんに無骨な人は声もかけてくれんもな」

トメさんの話をしるしてくると、ずいぶんと引用符が登場するのに気づくだろう。ひと昔前の情景を、きのうの出来事のように直接話法で語るのである。船頭さんの『アッ！』という掛け声、実は周囲が何ごとかとびっくりするくらいの奇声だった。

もっとも、こんな絵のような海女船風景には、もうお目にかかれない。戦後の新漁業法によって、曲はその〝庭先〟だけに封じ込められてしまった。漁の主役もいまやイカ漁である。

◆「ハツコ縄」に守られて

朝まだ明けやらぬ海女部落に「ホーッ」というかん高い声が流れる。腹ごしらえをして、身支度をすませた海女たちが、いよいよ船に乗り合おうというとき、仲間を呼ぶ声だ。

「こんまい部落じゃけ、ちょっとおらべば（叫べば）、すぐ伝わるも。『みんな下がろうや、乗っていこうや』とな」

海女の一日の始まりである。

「きょうはどの方面へ出ろか、ちゅのはだいたい前の晩に決めてある。船頭さんと海女さんのカシラが評議しての。どこにどの瀬がある、どこまで出れば潮が休んどる、そんなことはちゃんとわかっとるも。もう何十年もやっとるこっちゃけ。まあ風の具合で、その日に場所の変わることもあったがの……。『はあ神さん、こんにちは。きょうもひとつ大漁たのみますよ』と、出がけにこういうて土地の氏神さんにあいさつばするぞ」

海女船は、こうしてようやく目当ての磯をめざして動き出す。

「船に乗っても、じいっとはしておられん。海女ちゅても、なかなか準備がいるもな。まずハチマキばして、腰にハッコをしめて、そこにカギをさす。首からはフクロをさげて、メガネをかける。これでやっとドボンと海へ入れるんじゃも」

身ぶり手ぶりで曲海女の姿を一気に説明してくれた梅野ハルさん。トメさんより四つ年下の七十三歳だが、顔つやといい、声のはりといい「べーべー」と呼ぶのがはばかれるくらいである。このひと、とびきり歌が上手で、曲の海女たちが代々伝えてきた櫓こぎ歌を次から次へと歌ってくれたが、これは後ほど紹介することにしよう。

さて、ハルさんの挙げたものに「イッチョベコ」を加えると、曲海女の〝七つ道具〟が出そろったことになる。彼女らの装いと漁具はといえば、要するにこれだけなのである。「体ひとつ」に頼る度合がそれだけ大きい。

一つ一つみていこう。まず「イッチョ（越中？）ベコ」というのはカスリでできたふんどしのことで、後ろから回して前のひもにはさんでとめる程度の簡単なもの。「ハチマキ」は髪が乱れないように頭にかぶせる布。和手拭かさらしを使った。これに中ぶくれの太い「ハッコ縄」を二重にして腰に巻きつけ、アワビ起こし用の「く」の字に曲がった「カギ」を右の腰にさし込む。そして最後に、獲物を入れる網の「フクロ」を首からぶら下げる。「ただ身支度をするさい、忘れてならんことがひとつある。ハッコはな、すぐ上さねあがってくる。そこでイッチョベコの横ひもをば、ハッコにからませるようにして巻いて止めておくんじゃ」。そうすれば、ハッコ縄は

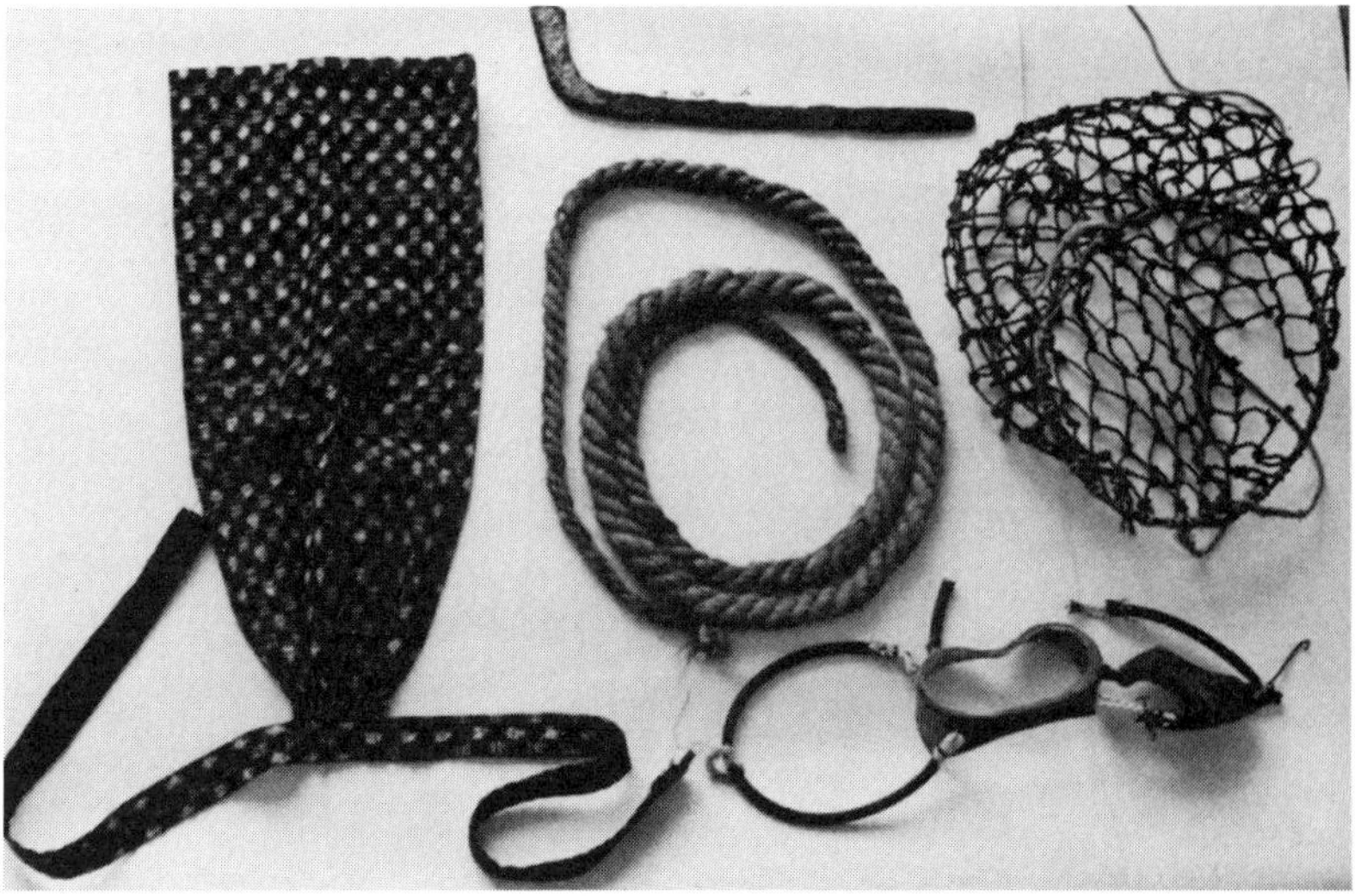

左よりイッチョベコ、カギ、ハツコ縄、一つメガネ、サジェブクロ

しっかり固定できるという。

　このような海女姿は、曲に限っては何世紀もの間、ほとんど変化らしい変化はなかったといえる。進歩したものといえば、メガネぐらいだろうか。

「むかしゃ二つメガネ（二眼式）で潜ったもんじゃが、そのうちに一つメガネに変わった。十五の時かの、ちょうど一円五十銭だったばい。わたしゃ、それを今年もかけとるが。ひとりひとり顔の形が違うけ、注文してつくってもろた。メガネが顔に食い込まんごとな、圧力を調整する袋が側《がわ》についとる。中に空気がいっぱい入っとれば、深いとこでも顔にぶっつかんも。はあ、ようでけとるけね」

　そういう老海女たちも「海女習い始めた頃はヒラメじゃった」という。とすれば、メガネをつけずに海へ入るのは、明治の終わり頃まで続いたことになる。

　以上、曲海女の〝七つ道具〟をざっと点検してきたのだが、このなかにどうも気になるものが一点ある。「ハッコ縄」のことだ。第一、呼び方からして不思議である。「最初に沈んだ海女さんの名前がハッコじゃった」というひともいるが、はっきりはしない。ちなみに、曲の故地である筑前鐘崎では「ハチコ」というそうだ。

このハッコ縄、ただ単にカギを差し込むためにだけ巻くのだろうか、ならば、なぜ水に弱くゴツゴツして扱いずらいワラを使うのか。どうもわからない。ところが、何度も問い返しているうち、意外にも興味ある答えが返ってきた。「ああハッコはな、魔除けにもなる。左縄でなうけの」。彼女たちは至極当然といった顔つきである。

「この縄をつくるじいさんらはの、朝の日の出を拝んで、ワラをば叩いて、こうパッと手につばかけて『ハッコは弱かれ、命は長かれ』と、こういいながらなうと。それが、まじねえ言葉。まあわたしらが底に潜ってアワビを起こしても、岩にへばりついてなかなか取れんことがある。だんだん息が苦しゅうなってくる。フラフラッとなる。そこでこの時ばかりと、ハッコをばサッとはずして、ここ（額）をポンと打つんじゃ。はあ、パッと目がさめる」（トメさん）

「はあ、そっだから、曲の海女さんでアワビとりよって死んだもんはねえぞ。何百年潜りよるけんど、そんなひとは一人もおらんぞ」（ハルさん）

呪力が宿っているというハッコ縄。老海女たちの思い入れは、また格別である。

左縄といえば、注連縄《しめ》がそうだった。やはり内と外とを区切る魔除け縄だ。これを張りめぐらせたところは神のまします「聖域」となって、簡単に侵すことはできない。かつて村の年男たちも、ハツコと同じように慎んでなったものである。左縄に巻かれた海女たちも、もしかしたら、海のなかではある種の「聖域」として自らの身体を位置づけていたのかもしれない。そうとでも思わない限り、海底労働の世界などとても理解できないではないか。そんなことを考えていたら「海のなかは恐いもんなしじゃ。フカがきたら、わたしゃつかんで食べると。ワッハッハッハ」と、トメさんが大笑いした。

「まだまだ準備があるぞ。まあずメガネふき。キザミタバコの余った粉を布切れに包んで磨きゃ、じきにきれいになる。それから耳に潮ばちょっと入れて、よーくもんで、調子のええようにしとかんとな。鼻を力いっぱい吹きゃ、耳がチュンと鳴く」

磯場が近づくと、ハルさんの動きもいっそう熱っぽくなる。

◆ハエ・セ・ウネ・イザコ

海女の労働につきものなのが掛け合い言葉。海女と船頭、あるいは海女どうし、相手は違っていても、作業の節目には必ず顔を出す。そのリズミカルなこと驚くばかりである。海女というと、どうしても個人作業のように考えてしまいがちだが、意外にも共同労働に支えられている部分が大きいわけだ。

海女船がめざす磯に着いて、いざ海へ、という段はたとえばこんな具合になる。

「オヤジドン（海女頭）が『さあ、しもうて入ろじゃねえか』と、こういうてからやっと海へ飛び込む。すっと船頭さんが……」

「『そら、飛ばし込め！』と大きな声かくるんじゃの」

もうひとつ、このとき登場するのが、まじない言葉。

「『はいエベッサマ、お願いしますよ』と、こういうてから潜りよったが。けんども、わたしゃあんまりせんかったばい。まじないや占いは、もうハッコにない込んであるも」。トメさんは、あまり関係ないといった口調である。

エベッサマとは、いうまでもなく福をもたらすというエビス神。今日では商人の信仰あついが、もとはといえば豊漁の神として漁民のあいだで尊ばれてきた。だから漁の前に「エベッサマ！」とその名をとなえる習わしが各地にみられる。しかし曲の海女は、それほどでもなかったらしい。かわりにその役割をになうのが、またしてもハッコ縄である。身の安全を守るだけでなく、大漁まで期待される。いってみれば、金比羅様とエビス様を合わせもったようなワラ縄だ。海の二大神様も顔色なしといったところである。

さて、いよいよ海の底だ。いったいそこはどんな顔をしているのだろう。ひと口に海底というが、そこに働く海女にとって、単に抽象的な広がりであるはずはない。「あんたもひとつ潜ってみんかね。話だけじゃわからんが」。老海女は、そういってもどかしそうな顔をするのだが、その語りだけでも、海底は十分に表情豊かで生きた世界だった。

「まず息ば吸いこんで、船の底ばポンとけって、勢いつけて下がっていく。はあ、いろいろあるぞ。やっぱハエやらセやらにアワビがようけおるけね。『ハエにイソモンが四へイも五へイも並んどるばよ』と、こういうてあがってきよったが」

イソモンというのはアワビのこと。その一個が一ペイ。こういうハルさんに、トメさんが相づちを打つ。

「広い広いハエから下にいったなら、セというもんがあるばい。それからずっと回ると大きなウネに出て……わかりますかの。アハハハ」

彼女たちがせわしく働くのは、海底のなかでも岩礁地帯である。二人の説明を総合すると、曲の海女はその地形を大きく分けて、次の四つに区別してきたようだ。

▽ハエ＝平らな岩のある広いところ。
▽セ＝小さな岩の並んでいるところ。
▽ウネ＝大きな丸い形の岩があるところ。内側は暗いという。
▽イザコ＝溝のようになった細長いところ。

「アワビがハエにおったなら、こういう。『シタしねおったばよう』となが。底にべったり張りついとるけ。側についとるのはキルカギ。上におったらテンジョー。はあ、いろいろ呼び方があっとじゃろ。一カシラいて、さあなんぼ獲るるとじゃろか。三つも四つも持ってくる時もあるし、何回いても手ぶらで上がってくることもあるし……」（ハルさん）

「それにアワビはな、ツッとやらにゃいかん。見つけたらもうツッとな。人間の来たとがようわかっとうも。気づかれんごと、岩とアワビの間に十分にカギばさし込んでな。それを、こねえ（カギをこね回す仕草）しよったら、よけいへばりついてとれんぞ。無理すりゃ割れる。そうなっとオチ（きず物）ちゅて、今晩のおかずじゃな」（トメさん）

「けんどもアワビはな、ちょっとぐらい割れても自分でカラを修繕しよっと。えらいもんですぞ、アワビは」（ハルさん）

ここらあたりになると、二人の所作も一段と激しくなる。アワビを起こすくだり、トメさんはとうとうカギを手に、中腰になって部屋中を跳びはねた。「こっちにあった。あっ、あっちにもあった」と。

そのアワビ。「三寸五分よりこんまいとはコイソモンちゅうて、獲ることならん。背の方がちいっと黒っぽいとが男もんのアワビ。やっぱ力が強いも。古いとはカラに力がない。わしらみたいなもんじゃの」。もうひとつの大事な獲物はサザエ。「一番小さいとがチューチューサジェ。大きなとと、こんまいととのあいなかはバカサジェ。大きなやつはガブショサジェじゃ」

トメさんとハルさんによる磯めぐりは、ざっとこんな具合である。地形から獲物の状態まで実に様ざまな「名前」が飛び出した。彼女らは、このようにして海底の世界を整理し、それと馴れ合ってきたのだ。これら用語の多くは、おそらく曲しか通用しないものだろう。念のため、海女に関する民俗語彙をいくつかくってみたが、出てきたのはほんのわずかである。それも意味するところは微妙に異なっている。

「わしらがおらんごとなったら、こんな昔の言葉、もうないことになろうの」。ハルさんが「わかりますか」のあとに、こう何度も口にした。はだか潜りが消えかかろうとしている以上、そこにはらまれた「言葉」も「心性」もまた、確実に消えていくだろう。それは女たちが全身をさらして磯に働きかけ、磯もまた充分に応える、そんな交感のなかから生み出されたものだからである。真っ黒の潜水着をまとった海女が「これがチューチューサジェ」とやっている図は、想像できるだろうか。

◆海女仲間への道のり

ハエやウネにいるアワビは、当然一番早く見つけた海女のものになる。早いもの勝ちである。たしかにそうなのだが、同じ条件下にあっても、いつのまにやら「磯財産」とでもいったようなものが生まれてくることもあるから不思議だ。

海女の話から少しはずれるが、ここにおもしろい例がある。タコ穴財産のことだ。桜田勝徳

『漁撈の伝統』が早川孝太郎の報告を引いて紹介している。

それによると、山形県の飛島という日本海に浮かぶ小島には、磯のいたるところに穴があり、冬になると深いところにいたタコが寄ってきて巣をつくる。島のひとたちは、それを見つけてはヤスで突いて獲ってきたのだが、実はこの穴、所有者が決まっていて、それも一定の家が先祖代々もち伝えてきたのだという。そして娘を嫁にやる時など、タコ穴の三つや四つを持参金のようにして先方に持たせてやったそうだ。

似たようなことが海女の磯でも行なわれていたことは、かなり知られている。アワビの群がっている場所を最初に発見したら、後々まで他人に決して手をつけさせなかった土地もあるというが、曲はちょっと違うようだ。

「やっぱし長いあいだ通いよると、磯はだいたい決まってくるもんじゃ。いっしょに船に乗っとっても、ひとのもんはよけていく。『はあ、ここはハルベーベーの巣じゃけ、はよ先いてみんの』とな、こういいよったが。けんどもね、こん部落は仲良う暮らすとこじゃけ、ここに三バイ(三個)イソモンがおったとする。そうすっと『トメベーベーは一ペイとってきたけ、ハルベーベーがあと獲ってこんかや』と、まあこんなふうに分けあうがな」

トメさんの話から察するに、排他的な磯財産というほどのことはないが、どうやら、ゆるやかな「ナワバリ」のようなものはあったらしい。それを「——ベーベーのイソモンの巣」と個人の名を冠して呼んできたのだ。そんな名をいただくのは、もちろんベテランの一等海女である。

こうした固定的な磯の占有慣行と並んで、日々の獲物についても、やはりルールがあった。トメさんの説明はこうだ。

「海んなかから上がってきたらまず、イソモンがどこどこにおったぞ、ちゅて船頭さんに届け出とかんとな。そうせにゃ、だれのイソモンかわからんごとなるも。『シタしね一ぺイおったけ』と、こういうとけば、たとえほかの海女さんがそれを獲ってきても、船頭さんが『おう、そのイソモンな、トメベーベーのイソモンぞ』というてくるる。そうすっと『ああそうじゃったか』ちゅうてイソモンば返してくるるぞ」

このあたりは、海女作業のなかでもかなり微妙な部類に属するので、実際に潜ったことのないものには、そうすんなりと頭に入るというわけにはいかない。ハルさんが補足してくれた。

はだか潜り時代の曲海女＝『風土記日本１　九州・沖縄篇』より

「ひとつの船にゃ何人も海女さんがなりさがっとうじゃろ。ひとりが上に出てきとりゃ、またひとりが下がっとる。わたしが下でイソモンばみて上がってきとっても、だれやらが下でそれを獲りよるかわからんも。じゃから船頭さんに届けると」

つまり、こういうことだろう。ひとつの船を中心に何人もの海女が周囲で働くのだが、同時一斉に潜るというのではない。思い思いに潜っては浮上して「船になりさがって息ついて」また下に降りていく。ところが、ちょうど海底でアワビを見つけても息の続かない場合がある。この時は、浮上してから船頭さんに報告さえしておけば、その間だれが手をつけようが自分のものになる、という仕組みだ。

磯の獲物をめぐる、こうしたもろもろの「約束ごと」は、海女社会のなかでもきわめて重要な位置を占めているように思われる。トメさんにいわせれば「それをばケイコという。わしらのケイコは無言の行。海んなかでもの言えんじゃろうが」ということになる。

「ケイコ」――未熟な海女たちがしっかり潜りの技術を身につけるのもケイコなら、その社会の「約束ごと」を覚えるのも、またケイコである。そうして初めて、彼女らは正式メンバーとして海女仲間に迎え入れられるのだ。逆に共同体の側からいえば、これは「社会化」の問題として捉えることができるだろう。ここは「学校へ行って何するか」といわれてきたところだが、かといって娘組のような年齢集団による伝承的訓練が行なわれたという話もきかない。思えば、曲の女は年の大半を船の上で暮らすのだった。おそらくここでは、共同労働の場がそうした役割を代行してきたのではないか。そんな気がするのである。

「トマリ」といって長い漂泊・移動の旅に出かける場合、海女船にはたいてい若いケイコ海女を乗せていった。彼女らは「ママタキ」と呼ばれる。

「ママタキちゅうても、ご飯たくだけではないぞ。海へも入ってケイコばする。先生はな、オヤジドン。いや、お父さんのオヤジとは違うぞ。海女さんのなかでも一番トシの大きいひと。オヤジドンのいうことはマウケにきけ、そういわれたもんじゃ」

オヤジドンとママタキ。その名の通り、ここには一種の擬制的親子関係が成立している。オヤジドンから仕込まれたママタキは、やがて船頭さんに「ネッテゲエ」という駄賃を払うまでになる。これでやっと一人前の海女として巣立っていくのである。

女が成人するといえば、古くは「カネソケ」という習俗があった。男の元服に当たるもので、明治になってすたれたが、対馬では比較的最近まで残っていたという。十七歳になった曲の娘は旧暦の十一月一日、晴れ姿に着飾って氏神さんの山住神社に参拝する。女の通過儀礼のうち最も大事なもののひとつだから、家族あげて盛大に祝ったものだ。この時「カネツケオヤ」をとる習わしがあった。カネツケオヤは身内のなかでも遠い血筋から選ばれ、結婚や夫婦間のもめごとなど、後々まで何かと世話をやくのである。

曲の海女は、こうして二重の擬制的親子関係に取り巻かれることになった。労働と生活の場で。あるいは生産と消費の場で、と言いかえてもいいだろう。この擬制関係というのは、いうまでもなく、共同体のきずなを強固なものにする。

「わたしゃね、いつも『シタしねおったばよ。おらきついけん、いてとってこんかや』と、みんなにこういいよったばい。ひとに譲ったると。ここは貧乏じゃけんども、仲良う暮らすとこじゃも」。ここは仲良く暮らすとこ、ということばがまた出てきた。老海女たちは、そんな曲がとても住みやすいところだという。

◆その名も「ドンブリ海女」

この世界に「ドンブリ海女」と呼ばれるひとたちがいる。「フンドウ（分銅）海女」ともいう。海底に一気に沈下しようと、金属のオモリをつかんで潜る海女のことだ。

人間が息を止められる時間は、それほど大差はない。この短いあいだに、なるべくたくさんの獲物をあげようとすれば、より早く、より深く沈むことである。その分だけ海底を探索する時間が増える。そこで登場したのがドンブリである。志摩地方では「ハイカラ」というそうだ。なるほど、これは海女にとってただひとつの〝近代兵器〟なのかもしれない。

トメさんも、ハルさんも若い頃はドンブリ海女だった。

「この部落はな、だいたいドンブリちゅもんは使うちゃなかったですも。ただもう手がきでな。わたしら三十ぐらいの時じゃろうか、内地の四国の伊予あたりからこれを使うもんが対馬へきよった。たしか男の海士さんじゃったな。見たら、ようけアワビを獲りよる。はあ、びっくりした。これで曲の海女さんも使うてみるようになったが。わたしゃ豊《とよ》（対馬北端の好漁場）というところでこれを習うた。やっぱしドンブリの方が深いとこへ行けて、シナモンがようけ獲らるるもな」（トメさん）

手がきでは、だいたい十五ヒロぐらいが限度だという。しかしドンブリを持てば二十ヒロは潜ることができる。一ヒロ六尺として三十数メートル。たいへんな深さである。それだけ漁場が広がるわけだ。昔は石を使っていたともいうが、ハルさんは「いいや、曲は石なんぞ全然使うとらん」と強く否定した。

「石じゃいかれんちゃも。わたしゃナマリのね、一貫八百目とか二貫目、それに二貫五百目のドンブリさ持っていとるけね。潮の早いときゃ、軽いドンブリじゃ下へ行きゃせんわ。やっぱし二貫五百ないとな。途中で体が流さるるも。いいや、ドンブリは抱いていくもんか。右の手にしっかりつかんで、アワビのいそうなとこに、こういうふうに指していく。そうすりゃ体も自然とついてくるじゃろが」

ドンブリは長さ四十センチぐらいの円筒形。それを手にかざして、前方に押し出すような格好で潜っていくらしい。海底に達すると、これを落としてアワビ探しを始めるのだが、このドンブリには綱がついていて、海女が離すと同時に、船の上の引っぱり番がそれを引き揚げる手はずになっている。

この時、海女たちは実はもうひとつ綱を引いている。イキヅナだ。危険防止の命綱で、こちらは決して離したりはしない。

「イキヅナはな、手に持つんじゃのうして、胴に巻くんじゃ。底に着くとドンブリは離すけんども ね、イキヅナはつけたまんまアワビを探して回る。だいぶ商売して荷物になりゃ、こう（イキヅナを引いて）船に合図すりゃええ。すっと今度は体ごと引っぱり揚げてくるる。ああ、やっぱり若い男に引いてもらう方がええね。ハッハッハ。勢いちゅもんがあるも」

つまりドンブリを使う時は、二種類の綱を引いて潜るわけだ。船頭のほかに船には綱引き番として、もうひとり男が乗組む。たいてい若い衆だった。この役、簡単なようにみえて、なかなかたいへんな力仕事なのである。まずドンブリをたぐりあげ、すぐまたイキヅナを海女の体ごと引っぱり揚げる。当然ながら、船頭に劣らず海女との呼吸が要求される。

「底の方で足をバタバタさせよると、間違ってこれがイキヅナに当たることがあっとじゃろ。すっと合図したのと勘違いして、上からぐんぐん引いてくる。わたしゃまだ一所懸命アワビば起こしよっとに……。もうハラたってな。はあ、慣れん男はすぐあわてる。アハハハ」。こういって笑うハルさん。「わたしゃ息子に引かしてだいぶ回った。（対馬の）西海岸から豊崎までね」。三十年も前のことである。

ドンブリ海女は、はだか潜りの極限形態といっていい。潜水具を用いず、これ以上深く下がることは、おそらく不可能だろう。ところがどういうわけか、曲の老海女は「ドンブリ」を誇りにしている様子はない。少なくとも、自ら切り出すということはなかった。

「まあ、たまにやった程度じゃな」

話にも、どうも熱が入ってこないのである。

「わしらはずうっと手がき。はだか潜りじゃけん」

綱引き番をひとり雇えば、それだけ分け前が減るという事情もある。しかし何より、そんな道具には頼らぬという曲海女の心意気が、そうさせるのだろうか。
たしかに彼女らは、装いからして「イッチョベコ」ひとつという古い姿をごく最近まで伝えてきた。太平洋岸の海女が、早くから白襦袢《じゅばん》のような着物を身につけたのとは好対照である。その太平洋側の代表的な海女どころである志摩の人たちと出くわした時には、さすがの曲海女たちもびっくりしたらしい。こんな国境の島までよくもやってきたという以上に、身なりがひどく違っていたからである。その驚きを、たとえばこういうふうに表現する。
「豊はええ網代じゃけ、志摩の片田ちゅあたりからも海女さんがようけきとった。ここもやっぱ女ばっかしでな。それがはあ、みんなきれいなねえす。もう、べっぴんさんばっかしで。顔は日に照らされんごと大きなメガネで隠して、服ばきて海に入りよったがな」（ハルさん）
「いやいや、こっちもべっぴんば多いっちゃけんども、いつもいつも顔ばこう出して、体もあんた丸出しで、白いとこは歯ばっかしじゃ。ハッハッハッハ。べっぴんもなあものうなってしまうがな」（トメさん）
志摩の海女は色白で美人ぞろいだという。けれども、そんな「ハイカラさん」とは、ちいっと違うぞ――彼女たちは、そう言いたいのかもしれない。

◆「はあ、せめきった」

曲部落の氏神・山住神社。その境内にひとつの句碑が建っている。

泡一つより生まれきし鮑《あわび》海女　菁々子

海底でアワビを追っていた海女が、まさに浮かびあがろうとする瞬間を詠んだ句である。船をゆっくり寄せながらじっと海面をにらむ船頭。泡とともに姿を現したひとりの海女。それに向かって発する船頭の掛け声が、あの「アッ！」だった。船の上と海の上と、その時両者には、ある戦慄に近いものが走ったに違いない。海女の労働のなかでも、最も感動的な光景である。

もちろん、いつもいつもそんな日ばかりとは限らない。たとえば「せめきる」ということばがある。海中で息が切れてフラフラになる。海女ならだれでも覚えのあることだ。

「はあ、ここのひとは気が大きいぞ。日のうちに何回も死んだり生きたりしとっけ」

トメさんにいわせれば「せめきる」のは、まず第一に欲を出すから。潜る技術の問題ではない。心の持ち方ひとつだという。

「アワビが何バイも目の前におっとじゃろ。あっち起こしてみ、こっち起こしてみして、さあフクロに入れて上がろうかちゅても、まだまだ残っとる。そこで無理して拾うとると、さあ息が切れてくる。目の前が真っ黒になって、上がどんどん遠なってな。海の上に出ても頭がなぜかしらん自然と前に折れて、海に突っ込むごとなるも。ガクッガクッとな。はあ、あったあった。何回もせめきっとるも、おらあ。そのときゃ、なあんもわからんごとなってしもて、アワビもカギもみいんな底に落としてきとる。いやいや、じきに治るばい。まわりの海女さんが寄ってきてくるるし、船頭さんがな、顔ばたたいて気合入れてくるるも」

こう話すハルさん、潜る深さでは曲でも一、二を争う海女だった。腕に覚えのあるひとは、いきおい無理をする。

「じゃから、よきょう（余計）すんな、といつも言うとるんじゃ。あとひとつアワビが獲れそうなところを、捨てて上がってくる。これが肝心」。側から先輩らしくさとすトメさん。オヤジドンになり切っているのだろう。

こんな危険を背負いながらも、海女たちはせわしく潜り続ける。浮上しては船べりに手をついて呼吸を整え、また沈んでいく。一潜りを「一カシラ」と呼ぶことはすでに述べた。それを幾度か繰り返した後、船に上がり暖をとる。この間の一作業も呼び方があって「一シオ」という。

「夏も冬も一日に四シオか五シオぐらいじゃの。あんまり違やせん。けんども夏は一時間以上海につかっとっても何ともないが、冬は寒うして二十分ぐらいしか入られんぞ。その分だけ冬は船で長う火にあたっとるけ」

海へ入る回数（シオ）は年中同じでも、潜る回数（カシラ）は季節によって大差が出るのである。

「夏は一シオでもう何十回いくかわからんが、冬は七カシラじゃな。岩にツララ下がっとっても潜りよったが。はだかでな。ちょうど天に雲のないごと海はきれいにしとるも。藻やカジメがないけ、冬の海は」

船の中の火ばちは冬だけかと思ったら、夏でも使った。一シオの間のつかのまの時間、火ばちを囲んで海女たちは世間話に興じる。海の底がどうだったとか、部落のひとの消息とか、その語らいが何より楽しみだったという。

腹ごしらえをするのも、この時だ。日帰り船の場合、ご飯の入ったおひつを乗せていく。十一時にまず「昼めし」、そして二時か三時頃に「二番めし」。昼間に二回も食事をとるのは、激しい作業で腹がすくということより、「一度に大食すると腹がはって、息が続かんごとなる」からである。

「その日の一番最後の作業はな、ぜんぶ四シオという。一日に三回入っても五回入っても、しまいだけは『はあ四シオじゃ。帰ろかの』と、こういいよったが。きょうはこれで打ち止めということじゃの」

海女の一日は、こうして終わる。

これで海の中とはさよならなのだが、最後にひとつ、めんどうなことが残っている。その日の収穫をどんな具合に分配するかである。夫婦でひとつの船をかる時はいいとして、問題なのは他人どうしが乗り合う場合だ。船頭は海女たちからどれくらいの分け前をもらうのか。これには独得の計算方法があった。トメさんの説明によると——

「まず一貫目とったとする。すっと太いのこんまいの合わしてだいたい七つか八つぐらい入っとるが、そのなかの一番大きなアワビを船頭さんに一個あげる。二貫目じゃったら、大きなとが二つ。三貫、四貫とっても同じことじゃ。半端の際はどうすっかというんかね。一貫五百目ありゃ、大きなとを一個に、中ぐらいのを一個やるがな。まあ気持じゃけ、その上にこんまいとでもひとつ付けてやりゃあ、船頭さんのいわるることにゃ『うん、また行くときはトメやハルや連れて行こうばい。あん子たちは、ほんに気持よか子じゃ』とな。なかには大きなとを隠して次のをやりよったひともおったがの。けんども船頭さんは、ちゃんと分かっとっちゃもね」

どうやら一貫目単位で分配計算していたらしい。不漁の時など一貫に満たないこともあるが、それでも一番大きなアワビを払ったという。

そんな船頭さんの現物駄賃を、曲では「ネッテゲエ」と呼んだ。「櫓をこぐのをネルちゅうがな。『ネリにきてくれ』というと、船頭にこいということ。じゃからネル代金がネッテゲエ」というわけだ。若いママタキはネッテゲエを出すようになって、やっと一人前の海女になる。この社会における成人の証明でもあった。トメさん十五歳、この時初めて、正式に海女仲間に迎え入れられたのである。

Ⅱ　漂泊・移動の日々

◆「トマリ」は曲船とともに

海女船が沖へ出るには、二つのケースがある。「ヒゲエリ」（日帰り）と「トマリ」（泊まり）。このうちとくに興味をそそられるのは、もちろん「トマリ」の方だ。何人もの海女がひとつの船で共同生活をしながら、何ヵ月も磯をあさって移っていく。

「トマリ」は古い漂泊海人の姿をしのばせる。

ヒゲエリ船には、船頭のほかに八人から十人もの海女が乗り込むというが、トマリはそうはいかない。長期間の出漁に堪えるだけの生活空間が必要なので、おのずから人数に限りがある。彼女たちの話では、「豊の方さ行くとき」は次のような構成が基準だった。

▽船頭一人

▽その妻（これも海女）
▽海女二人（一人前の海女）
▽ママタキ二人（年少のケイコ海女）

計六人。船は三丁櫓である。

「正月に出たら盆にならんと曲にゃ戻らんのじゃけ、気の合うたどうしでないとやっちゃいけん。『今度どこそこへ行くが、おまえ来んかや』と、まず船頭さんの奥さんがこういうてくる。そうすっと『はあ、乗せてもらおうかね』と、連れていてもろうたばい。長いこと一緒に海女するんじゃけ、乱れんようなひとを選ばんとな」

これはあくまで例外なのだが、夫婦だけで船を浮かべるということもあった。志摩のひとは「トトカカブネ」となかなか味な呼びかたをしているが、曲では「ケネーブネ」という。「家内船」のことだ。「夫婦だけでさみしいことないか、ちゅうんかね。いやいや連れの船がいっぱいおるも。モヤイ船がな」

寄り合い所帯の海女船にも、当然そこには核になる人物がいる。これまでも何度か登場した、あの「オヤジドン」だ。海女頭。潜りのいわば現場監督。この世界はまず「オヤジドン」を軸に回転しているのである。では、具体的にどんな役割を担っていたのか。老海女たちの話を抜き出してみると——

①オヤジドンちいや「おまや、ちいっとばかり息が短いけナダ（陸に近い側）潜れ、おまや奥の方じゃ」と、こういうて場所ば指図しよった。
②船を出す前にゃ「きょうはどこどこの磯へ行こうや」と船頭さんと相談して網代を決める。これもオヤジドンの仕事じゃ。
③海女さんはようせめきるけ「よきょうすんなよ、気いつけや」というて、オヤジドンがいつも注意しよった。
④ママタキの時分に、オヤジドンから「ひとのいうことはマウケに聞け」ちゅて教えられたばい。
⑤ママタキはオヤジドンのいうこと以外にすることとならん。「きょう浦へ入ったなら水かたげろや」といわるれば、タゴで船に水ば運ばにゃならんぞ。

すなわち、作業全般を統轄して（①②③）、若いケイコ海女を訓練する（④⑤）。オヤジドンには大きく分けて、二つの役割があったことがわかる。「オヤジドンちいや、船のオモテノマの一番真んなかに座りよらったけね。ほかの海女さんがそこにおったら、おこられよったぞ」。彼女らが「オヤジドン」という言葉を口にする時、そこにはちょっとした緊張感さえただよう。しかし、オヤジドンに劣らず重要なのは、やはり船頭さんだ。海女の話になると、男の船頭さ

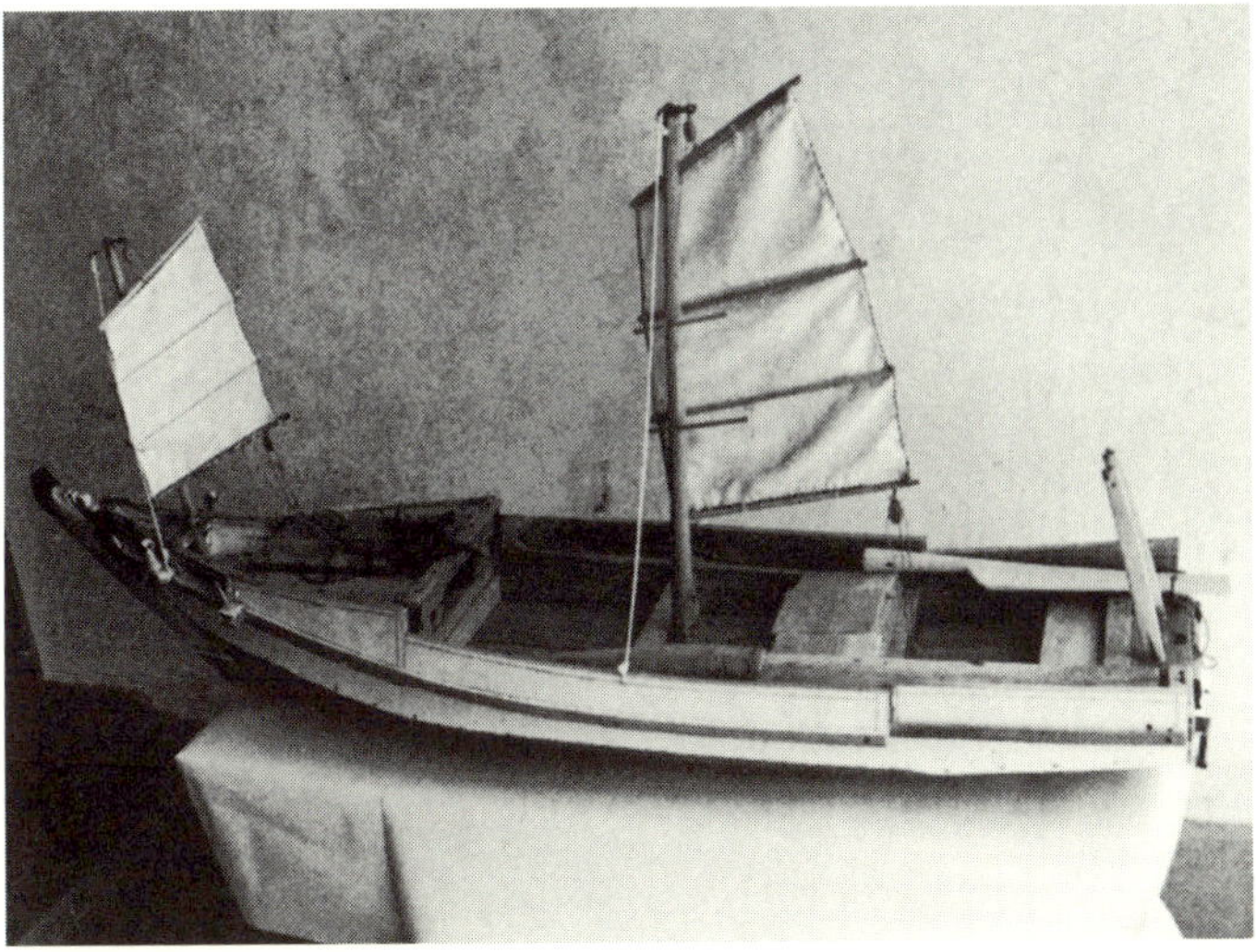

曲船の模型（曲生活館蔵）

んはどうしても分が悪くなるが、これに触れないことには不公平になる。現在、部落の宮総代を務める梅野正雄さん（六十五歳）にも加わってもらおう。

「船頭さんちゅうとあんた、船をこぐだけと思うとるが、海女船の船頭さんは油断ならんもね。だれがいまどこに潜っとって、さてどこに出てくるか、ちゃんと知っとかんとな。それに、せめきる海女さんがおるけね、目離されんちゃ。豊ちゅとこはカジメが多かった。海女さんの姿がカジメに隠れて、じきに見えんごとなってしもうてな。油断ならんも」（正雄さん）

「わたしらがな、海ん中から顔出して『ここの下にイソモンがイッペイおるけ、やってくれんで』というたら、船頭さんは『待っとけ、いま船やるけ』ちゅて、すぐやってくれよったもな」（ハルさん）

「うん、けんども三人も四人もいっぺんに海女さんがなりさがっと、もう船は重いっちゃもな。『ち

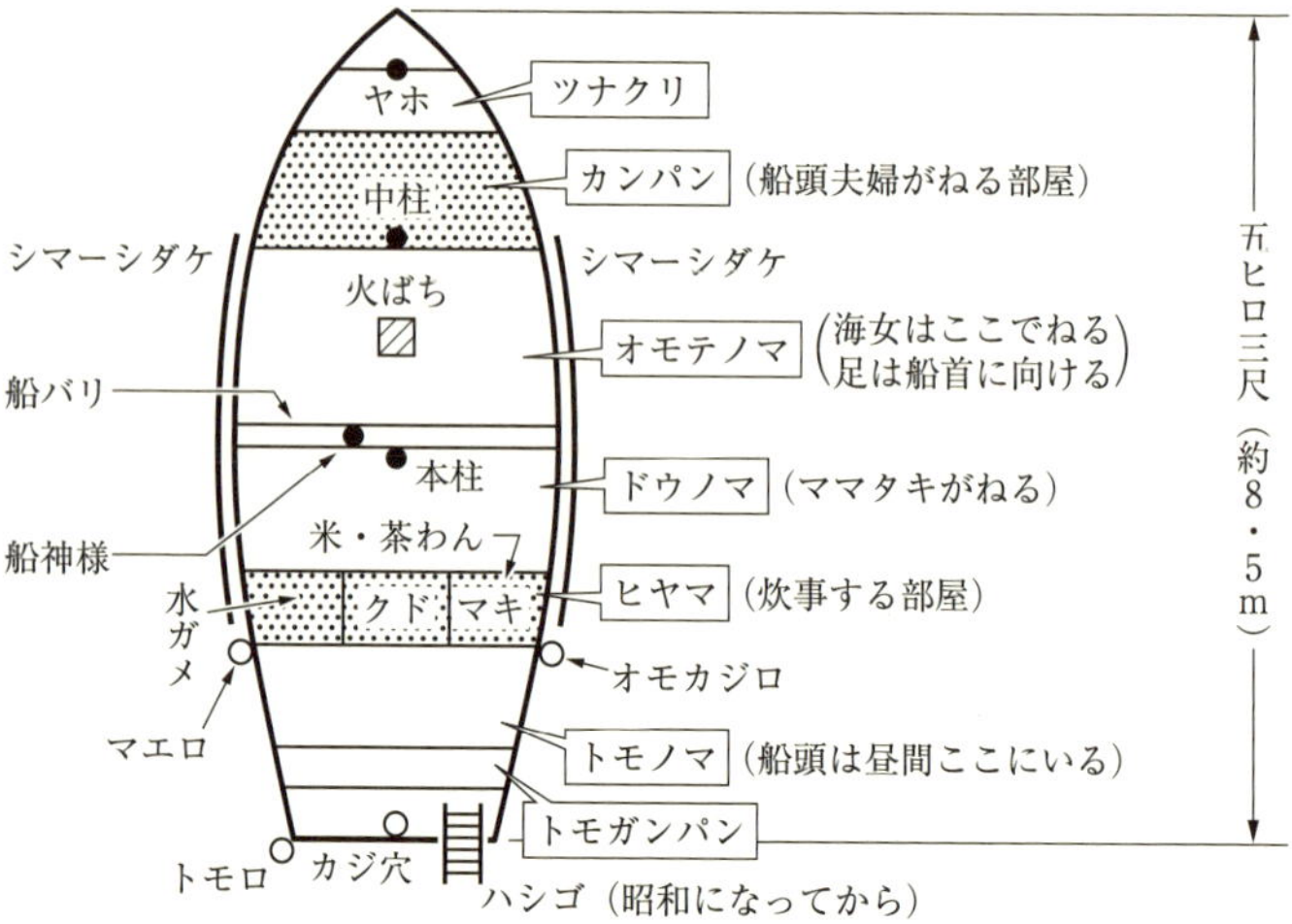

曲船の構造

っとは下にいかんか！』ちゅておらび（叫び）よったの。浦に入れば入ったで、寄り木も拾わにゃならん。火もたく。それに子連れの海女さんがおりゃ、子守りもしよったしの」（正雄さん）

この海女船、土地では「曲船」と呼ぶ。曲型の漁船といったほどの意味で、独得の家船構造をもっていた。船だまりから姿を消して、もう十年余り。部落の生活館に飾られている模型が、かすかに往時の姿を再現してくれるだけだ。

曲船の構造はどうなっているのだろう。帆と櫓で対馬八海を回り、半年間も基地（曲）に帰らぬという小さな木造和船の内部が知りたいと思った。

そこで、トメさん、ハルさん、正雄さんの三人の記憶をたよりに描いたのが上の図である。それぞれの空間がどのように使われてきたのかを念頭に置いて記してみたので、精確さにはいささか欠けるところがあるかも知れない。ただ、よく知られた西彼杵半島の家船とは、少し様子が違っていることは明らかである。「よくこれだけの設備で……」「いや、必要最少限のものはちゃんと揃っている」――反応はいろいろあるだろう。が、ともかく生活物資の調達などで陸へあがる以外は、昼も夜もこの上で過ごしたのである。

このうち部屋スタイルにつくられているのが「カンパン」。普通カンパンといえば、平らなデッキのことをいうが、彼女たちは寝る部屋も「カンパン」と呼び習わしていた。それに日常の炊事をする場である「ヒヤマ」（火山？）もやはりひとつの部屋になっている。なお、船霊さまの位置については、本柱の下というのが定説になっているのだが、トメさんが「いいや、トリカジ側におらす」と断固主張するので、それに従った。

「カンパンにはな、船頭さんとその奥さんが寝るぞ。ちょうどええようにでけとるじゃろが。わかりますかの。ハハハハ。船頭さんでも、奥さん持たんひとはトモノマに休んで、カンパンにゃ子連れの海女さんを寝かせよらったが」（トメさん）

「その横のな、オモテノマにゃ火ばちがすわっとって、海女さんはここでぬくもっと。入れ込み式でな、晩は上にフタをして海女さんが寝れるようになっとる。ケネーブネはヒヤマであたるけんどね」（ハルさん）

「それに、もう今のひとは覚えんじゃろな。昔はな、船の側に竹が渡してあった。これをばシマーシダケという。海女さんがここからあがって『身をしまう』のでシマーシダケ。ずうっと前からあったっちゃけね」（トメさん）

図には入っていないが、もうひとつ「エバ」（獲場？）と呼ぶところの空間があった。獲物を一時的に置いておく場所である。

「船ん上じゃ、だいたい自分の持ち場というのが決まっとるけね。海から浮いてきたら、わがエバにアワビをば置いて、それでまた潜る。はあ、やっぱり一番獲るひとは『一のエバ』。たいした仕切りもないけんど、だいたい決まっとるも。一等海女ちゅたら、ヒヤマの横に置きよったけね」（ハルさん）

我が家を語るように、彼女たちは曲船を語る。

◆対馬北端の好漁場——豊

「はあ、豊が恋しいの」。曲の老海女は、何かにつけこういってはフッと遠くに目をやる。豊という地名は、これまでもずいぶん聞かされた。「対馬北端の好漁場」と簡単な注を付してきたのだが、彼女らが実際に「豊」と口にする時、ただそれだけの意味にとどまらない。心のよりどころ、いってみれば「自己確認」のための表象にまで昇華されているのだ。

部落の老人会でも、よく話題に出る。

「どこの磯ちゅたって、豊の磯ほどええとこはなかったの」

「うん、盛んなときゃ、あんた、いっぺんに二十艘からもつけよったが」

「それにヤドのおひとも優しかったけな」

「はあ、曲と豊は親子兄弟じゃも」

若い頃、同じように曲船をかって出かけていった仲間ばかりだ。「豊」というだけでお互いすべてが了解し合えるのである。そんな老海女の思いをくんで、町会議員の梅野源九郎さん（七十三歳）は四年前、ひとつの歌をつくった。題して「海女歌」。

〽豊の浦戸に錨でとめて　かけた神様おなつし様は　今も変わらぬ鎮守の森に　かよた昔が恋しゅてならぬ
〽椎根鼻から灯台ながめ　あの瀬この瀬に思いをこめて　今日も凪ぎだよ心は踊る　かよた昔が恋しゅてならぬ
〽豊の浦から櫓びょうし揃え　三瀬に行こうか南風波に行こか　朝の出船だへサキを揃えかよた昔が恋しゅてならぬ

「曲のもんなら、五十歳より上はみんな豊の磯へ行っとるはずじゃ。いまの若いもんは土地の名前も知らん」と源九郎さんはなげく。おそらくは最後の漂泊海女の姿を、若いひとたちに伝えたかったにちがいない。

この歌、もともと「酋長の娘」の曲に合わせて歌うように作られたのだが、どういうわけかハ

豊の那祖師神社

豊湾の入口にある不通浜（中央部）

ルさんなどは「昔の出雲節でやる方がええ」と、源九郎さんの分に自作の詞を加えて、自らテープに吹き込むという気の入れようだ。〝民俗的価値〟からすれば、取るに足らぬ歌かも知れない。だが、老海女たちは「わしらの気持をよういうてくれた」と手を打ったのである。

豊湾について、『対馬島誌』は「本島且本村（豊崎村）の東北端に在る湾なり。前面に島嶼連れるが為舟泊に便ならず、然れども漁舟の集泊を妨げず」と記している。その島嶼地帯が、すなわち彼女たちのかせぎ場だった。この対馬の代表的な郷土誌が出版された昭和初期といえば、ハルさんがちょうど一人前の海女になった頃。

「対馬の浦々で行っとらんとこはない。けんども、やっぱ豊じゃね。よう覚えとる。浦を入ると入口の左手が『通らずの浜』。ここはだれも立ち入ることならんぞ。あがりゃ、さあえらいこっちゃも。腹がせく、アラレが降る、風が吹く、もう大変なとこじゃ。豊にゃ神さまがようけおられます。ナツシさま、ワカミヤさま、コウべさま、それに『通らずの浜』も恐ろしいとこじゃけん、神さまじゃろね」

源九郎さんの歌にも登場した「ナッシさま」というのは、『対馬島誌』に出ている豊の村社・那祖師神社のこと。トメさんが船出する前「はあ、神さま頼みますよ」といって手を合わせたという、あのお宮である。「ワカミヤさま」「コウべさま」も、それぞれ「若宮神社」「島頭《しまのこうべ》神社」のことらしい。上陸してはならないという「不通浜」は、今日でもその禁忌が生きている。たしかにハルさんが言うように、豊湾には神さまがたくさん鎮座している。

大船越の瀬戸（向こう側が浅茅湾）

さて、豊へ行くには、たいてい二日がかりだった。朝早く曲を発って急げば、夜遅く着くのも可能なのだが、「途中で海女する」ので二日かかるという。それでは、どのコースをたどって行ったのか。

「まあこの浦（阿須浦）を出りゃ、船越というとこから浅茅《あそう》湾抜けて行きよったけね。少しさきしねいけば牛島や網島があるが、そこば通って次の鹿見《ししみ》というとこで、その日は一泊する。次の日はまた朝早う起きて伊奈崎へ出て、ここらへんからちょっとしもうて海女してあがって行きよった。だいたいそのまま豊へいくんじゃが、凪の具合で佐須奈に泊まることもある。まあ帆船の時分は櫓をこいで、たいがい西を進んでいくけね。北風が吹いとっても西は凪じゃから海女していけるも」

正月過ぎに曲を出たら、そのまま東海岸を北上して豊へ直行するのかと思っていたのだが、必ずしもそうではなかったようだ。十七世紀に開削された大船越の瀬戸を越え、浅茅湾を横切って西海岸をのぼっていったのであ

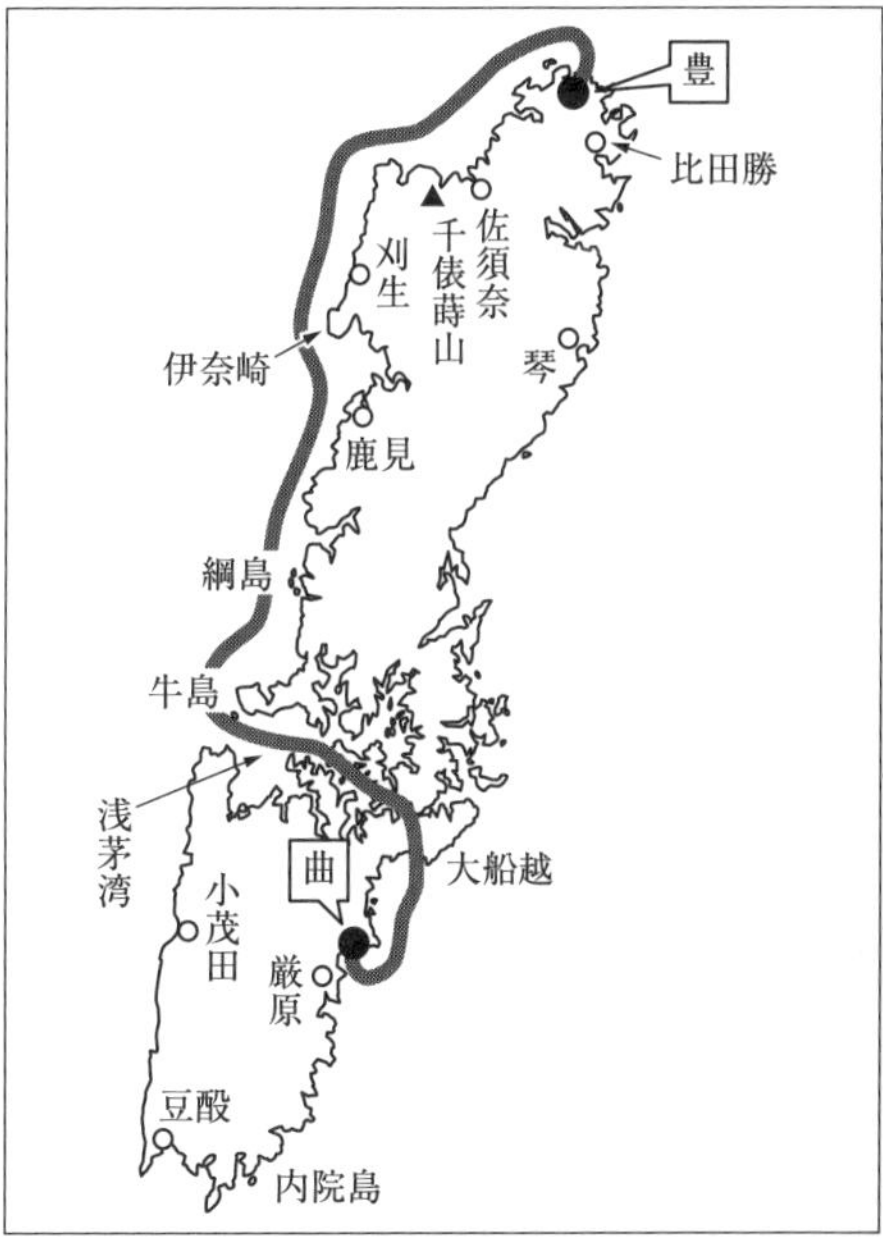

豊への道

る。「カミにいけばいくほどアワビやサジェがようけおらす。それに西の海は潮が早うして、水が澄んどるも」と正雄さんが加えた。曲海女の稼ぎ場は対馬のほとんど全域に及んではいるが、彼女たちにとって「曲―浅茅湾―西海岸―豊」というコースこそ、一番通いなれた〝海上の道〟だったのである。豊への道を北上することで、曲海女の一年は始まる。そして、これから盆まで延々と北の磯をめぐり歩く。

なお、曲海女の主要な出稼ぎ場としては、豊は別格として、西岸では網島、鹿見、伊奈、佐須奈などがあり、東岸では鴨居瀬《かもいせ》、赤島、佐賀、琴《きん》、比田勝などが挙げられる。ただし、男海士がいる対馬南端の豆酘《つつ》とその周辺へは、あまり行かなかったという。

曲海女の足跡をたどってきたハルさん、一ヵ所移るたびに「ここも海女した。ここでもかついだ」と、その地の磯の様子をこと細かに説明してくれた。こういう場合、われわれはまず頭に地図を描いて俯瞰していくのだが、彼女たちはむろんそんなものを見ようはずもない。映画フィルムのコマをひとつずつ送り出すように、風景をなぞっていく。

「磯のことは何でも知っとるぞ。琴崎ちゅとこのハナにゃ神さんがおって、海んなかに門があった。ハエがトンネルのごとほげとっと。シモのノージマ（内院島）さまの門はな、そげえ長うないが、また太いっちゃ。わたしゃ海女して通り抜けとっけね。神さまのおらすとこにゃ、よう門がある。なん、龍宮さんの門？　さあ、それはわからんがの。まだ龍宮さんに会うたこたあないっちゃも、ハハハ。けんども龍宮ちゅ瀬はあった。刈生というとこにな。カメが海から首出しとるような格好しとるけ。その先の干俵蒔にはな、ウネにヘコの跡がついとる。それをば海女のヘコちいいよったがな。わたしゃいろいろ歩いとるけね」

各地の磯をめぐることをハルさんは「歩く」と表現する。たしかに、そんな感覚なのだろう。ちなみに「かつぐ」という語が先に出てきたが、これも「スム」と同じく「潜る」ことの意である。

◆海の民と里の民の交流

「トマリ」に出た曲船は、夜になると浦に入っては、からだを休める。昔は浜に小屋掛けしたともいわれるが、彼女たちの記憶では、ずっと船住まいである。「陸は借るっちゅことはないっちゃも。まあ船ん上できれいに生活でけるけね。浜につけて寄り木拾うて、（船の中の）ヒヤマでものをたいて、オモテノマちゅとこに寝て……。天井にゃ簡単な屋根がふいてあるけ、もう家と一緒じゃも」

浦々には馴染みの農家が必ず二、三軒はあったものだ。「ヤド」あるいは「ギョーエ」と呼んでいる。「かよた昔が恋しゅてならぬ」と対馬の北の地に思いを馳せるのは、そこの磯が良かったということとともに、これら「ヤド」のひとたちとの交歓がよみがえるからである。

「わたしらが船を浦につけりゃ、向こうさんは百姓じゃから『アワビわけてくれんね』ちゅてやってくるじゃろ。こっちの方は『いやあ、おカネいらんですよ』と、まあこういうてやる。すっと『ああ、おおきに、おおきに。これからどうぞ上がってくださいよ』とな。これが付き合いの始まり。わたしゃね、やるのが好き、もらうのも好き」

豊や鹿見には、クジラ組のはやった当時から付き合いの続いている「ヤド」もあった。

「曲船にゃ米や味噌を積んで行きよった。ここは食べもんは良かったですぞ。米ばっかしで、麦は食べとらん。オカズっちいや、たいがい磯のシナじゃな。アワビは商売じゃけ、いいとはめったに口にゃせんが、サザエやワカメやヒジキはよう食べたがな。それに海女しいしいモリで魚突きよったけね。はあ、巣のなかにおっと」

この話から、海女たちも潜りだけでなく、家船の衆と同じように、やはりモリを使って魚を突いていたことが分かる。ただし、野菜類はどうしても不足する。そんなとき「ヤド」に買い出しに出かける。日暮れ時になると、彼女たちは陸にあがり、その日とれたアワビを手にいそいそと農家を訪ねる。代わりに持ち帰るのは、野菜のほかに漬物、コーコモ（さつまいも）、カンコロ

（干しいも）などだ。「豊のコーコモ漬、これがおいしいっちゃ。いもを蒸して、くずして、コージやヌカといっしょにして、これに大根を漬ける。お茶づけにちょうど合う。それに鹿見のみそ漬。大根のな、なかは血のごと真っ黒うして。はあ、おいしかったですぞ」

「ヤド」とのつながりをハルさんにたずねていくと、そこには生活物資の不足を補い合うということ以上の意味が浮かび上がってくる。海の民と里の民、その交流の原型といったようなものをかいま見せてくれるのである。瀬戸の家船が里の民との交流を取り結ぶうえで、とくに親しい関係を「シンルイ」とか「イトコ」と呼んでいたが、曲にもそんな気が置けない間柄の「ヤド」や「ギョーエ」があった。

「晩になっとな、みんなして『さあ、ギョーエのおばさんとこあがろうや。風呂もろて入ろうや』といいよったが。それで連れだっていって『おばさん、風呂入らせんで』と遠慮なしにいうたい。すっと『オヨー、きたとね。はい入らんね』といわっちゃも。もう、うれしゅうてな……。正月も近うなっと、餅米や小豆もちゃんと用意してくるる。マキも浜のきわにいっぱい出しといてくるるし。じゃから、ギョーエの方で祝いごとでもありゃ、魚は十分間に合わしたもんじゃ。祭りや結婚式にも、すぐ『きてくれ』ちゅうので行きよった。田舎はようけごっつぉ（御馳走）のするとこじゃけね。ちょっと何でもあれば、餅とか赤飯とかお萩とか、もうすぐでけとるけね」

最後のくだりなどは、おそらく農村的生活様式への驚きを表わしているのだろう。年中行事が盛りだくさんで、何かといえば祝いごとをやる「里の世界」は、海女たちには、やはり異質なものに映ったようだ。

一方、海女船を迎える側からいえば、これはどういうことになるのか。日頃はひっそりした村に、ふだん見慣れぬ姿が現われ出る。それがどんなに心躍る出来事であるかは、少し前まで田舎で過ごしたことのあるものなら思い当たるはずである。ましてや、ここは孤絶した対馬の浦々だ。そして、やってきたのは三丁櫓をかった海女の一団である。その出会いは、里のたいくつな日常に、ちょっとした「ハレ」の時間を導き入れるだろう。ひとつの〝祭り〟が始まったのだ、といっていいかも知れない。

実際、曲の海女が里のひとたちの目に、どのようなものとして映ったかについては、こんな話もある。「伊奈からきたひとがいいよったがな。曲のおひとは家持たんと思うとったが、今度きてみりゃ、いっぱい家が建っとる。はあ、びっくりしたと。船でずっと浦を回るもんじゃけ」。区長の梅野嘉吉さん（六十七歳）が聞いたという話である。どうやら曲のひとは、一部の農村の人からは、帰るところを持たぬ完全な漂泊漁民とみなされていたらしい。

さて、ここで浮かびあがるのは、共同体と来訪者の関係である。共同体はヨソ者を排除する、とよく言われる。共同体は内部倫理と外部倫理を明確に使い分けてきた、と。しかし、これは盾の半面というべきではないか。村落秩序に触れない限り、決してそんなことはない。むしろ逆に「時を定めて来り訪う者」は、文字通り客人（マレビト）であるがゆえに、共同体から受け入れられ、歓待されたのである。それは、いま述べたように、村の日常的な時間の流れを一時的に遮断して、共同体に新しい息吹をもたらすからにほかならない。「マレビト」は、やがて村から立ち去っていくのだから。

里との、そんな濃密で微妙な触れ合いがあったように思う。「ギョーエなあ、だんだん遠なってしもて、なかなか会いにいけん。おばさんも、もうええ年になっとるけ、ひと目会うて礼をいいたいんじゃが……」。ハルさんは「遠なった」という。バスが通い、昔よりよほど便利になったというのに、だ。

◆ハル・べーべーの一年

「対馬八海を巡り歩いた」という曲船の足どりを追いかけてみよう。時代は大正から昭和の前半まで。つまり、規制が厳しくなった新漁業法成立（昭和二十四年）頃までの風景である。

海女たちは、だいたい季節ごとに定まった磯をあさっては、また別のところへ移っていったようである。それを毎年々々繰り返してきたのだ。まず、曲を出たら浅茅湾を抜けて豊をめざす「往き」のコースは、すでにわかったが、それからどうするのか。ハルさんに一年間の移動カレンダーをつくってもらえば、次のような具合になる。

「トマリはな、二十日正月がすんでから出ていく。それから盆がくるまでずっと、豊や佐須奈、比田勝あたりをマタにかけて海女すっちゃ。場所ちゅても、風によって日に日に変わっていくけね。南風《はえ》が吹いたり北が吹いたり西が吹いたりすりゃ、そのつどカゲカゲに寄っていく。『きょうは北になったけ、佐須奈にさがろうや』というたりしてな。盆で引き揚ぐるは七月十二日ぐらいかの」

これが一回目の里帰り。年の前半は、やはり豊を中心に対馬北方の磯をめぐり歩いていたのである。

「盆ちゅても長う休まれんも。すぐ厳原八幡さんのお祭り（旧八月十五日）がやってくるがな。『はよミヤマイリ銭とりに行かな』ちゅて出ていきよった。やっぱし豊や比田勝じゃね。風がひどうなっと赤島の方面。赤島や鴨居瀬にもギョーエがいっぱいあった。まあこの時分はシケが多して、働かんでよう帰ってきたけんどね」

厳原の祭りが終わる頃は、秋も深まる。これからの稼ぎは、もっぱら東海岸だ。「住吉さんの近所（赤島、鴨居瀬）から琴まで、あがったりさがったり」して、そのまま年の暮れまで潜るのかと思いきや、もう一度、氏神である山住神社の祭り（旧十一月一日）に戻ってきた。山住神社は曲部落の南東側、つまり港の出入口近くに鎮座している。

ところでこの山住神社、いつごろ、どんな経緯で成立したのか、実のところはっきりしないお宮なのである。『対馬島誌』にも「由緒不詳」と記されており、そのあとに「古来曲の者は雞知《けち》住吉神社の氏子なり。是れ昔高浜に居住せしを以てなり」と注がついている。これからみると、

雞知の住吉神社

鶏知の住吉神社とつながりの深いことが知れる。たしかに伝説では、曲の者はこの地に定住する前は、一時雞知の高浜に住みついていたともいわれる。曲から北へ五キロほどのところ。しかしともかく、いまや曲のひとたちは、この山住神社を慕ってやまない。祭礼は「曲祭り」とか「オイリマセ」とか呼ばれ、ことのほかにぎやかだった。

「女も男もみーんなはだかになってな、山住さんの下から『ほっりゃあ！』と声掛けて船競争すっと。それに氏神さんの好きな相撲もしよった。はあ、氏神さんじゃけ、なんぼトマリに出とっても帰らにゃいけんですぞ。これがすむと、師走の二十日ごろまでまた最後の海女にいく。別のヒゲエリ組は、まだ先の二十四日まで海女にいきよらったもね。もちつき前まで。正月に遊ぶカネがいるけね」

以上がハルさんの一年だ。

もっとも、トメさんの話では、一般にトマリは三月から厳原八幡の祭りまで、という。それ以外の期間はヒゲエリというわけである。とすると、ハルさんの移動カレンダーは、最高に詰めて働いた場合、と考えていいだろう。年末には短い禁漁期間も設けられていたのだが、これもどうやら関係ないらしい。一年のうちハルさんが曲へ帰るのは「正月」「盆」「厳原八幡の祭り」「山住神社の祭り」。何と都合四回も、出漁―漂泊―帰郷を繰り返していたのだ。移動は移動でも、これは基地（曲）を核にした「回帰性移動」とでもいうべきものである。

「一年中でウチにおる間はいっときしかないも。長うして正月の前と後ろ一ヵ月ぐらいじゃね。何十年もそねえしていきよったが。陸のことは知らんけんども、海んなかのことじゃったら曲の海女さんにかなうもんは、ちょっとなかろうばい」

たしかに、ハルさんのように漂泊・移動を重ねてきた海女は、曲といえどももうそれほど多くはない。彼女は曲海女の「黄金時代」を生きた最後の一人といえるだろう。

こうして移動していくのは、何も海女船だけとは限らない。実はそれにひかれて移っていく、もうひとつの船があった。アワビの回収船だ。海女の手を離れたアワビは、これら仲買人の手に渡り、「メイホウ」（明鮑）という名の干しアワビに加工されていたのである。このあたりの事情を語れるのは、もう梅野乙吉さん（九十一歳）ぐらいしかいないだろう。話は明治中頃にさかのぼる。

「その時分はあんた、漁業組合ちゅものはなかったですけ、問屋がおって、海女さんがトマリに出ていけば、こちらも船を仕立ててついて行きよったですよ。そこでアワビを買うて、メイホウにつくって、それを貿易商に売る。取引はたいがい長崎のシナ人でな、そこから外国に出しよったらしいですな」

アワビといえば、今日けっこう高価なものであるが、すでに先史時代から人びとの口にのぼっていたことが知られている。古代や中世には祭祀用として珍重され、近世に入ると、干しアワビは「俵物」として長崎から中国へ盛んに輸出されるようになった。そこで幕府と各藩は財源確保の方策のため、こぞってアワビ採取を奨励したのである。

「メイホウはわたしのオヤジも製造しよったですよ。ですけ、つくり方はよう覚えとります。まずアワビの身だけをとって一晩塩につけておく。そして次の日に釜でたいて、ワラに乗せて日に乾かすんです。さあ、一週間ぐらいかかるでしょうかな。釜は船に積んでいきます。大きな平たいやつでね、野原や浜に据えて焚くんです。曲や比田勝、西泊、鰐浦……そこら中に据えよりました。マキは浜に寄り木がたくさんあっとですもな」

こうしてできあがったメイホウは「ベッコウのように透きとおって、値段も百斤（六十キログラム）百円ぐらい。まあ日本人じゃ食べられやせん」というほどの自慢の品だった。その後、組合が設立されると、アワビの取引はそこに一元化された。曲のほか豊と鹿見に工場をつくり、一時はサザエの罐詰づくりにまで手を拡げる盛況ぶりだったという。

さて、老海女たちとともに対馬八海を、ざっと巡り歩いてきたわけだが、思えば、漁民というのはもともと移動の民だった。それは海女だけではない。釣りや網をする漁師らも、魚を追っては驚くほど遠方まで出かけていったのである。対馬近海でいえば、とくに近世になって、和泉や安芸、長門など他国の漁師たちが群れをなして進出してきた。なかでも、和泉佐野のイワシ網は知られた存在だ。宮本常一によると、秀吉の朝鮮出兵の折の功で漁業権を獲得し、地引網を引っさげて大挙対馬へ押しよせた。長門北浦からは大敷網、安芸の漁師も延縄や一本釣りで対馬にやってきた。ただ藩の他国者への眼は厳しく、その多くは漁期を過ぎると国へ引き揚げていった。彼らの定住が増えるのは、やっと幕末・明治以降のことである。

そんなななかで、曲海女の存在はまた格別というべきだろう。旧藩時代からの慣行もあって、戦後しばらくまでは対馬中の磯を潜ることができた。一方で、移動するのに家船を使い、はだかのまま海に入っては獲物を採取する。漁民本来の漂泊性と始原的な漁法——。曲はつい先頃まで「海人」たちの祖形をもち伝えてきたのである。

◆海と山の蜜月時代

対馬では、海と山とがひと続きとして、ある。双方を隔てる平野や砂浜というものがほとんどない。いたるところ断崖絶壁が海に迫り、そのまま真っすぐ滑り落ちていく。しかも出入りは複雑。おそろしく男性的な海岸線である。そんな磯場がとりもなおさず、海女にとって絶好の漁場だった。

海の民は山を見ながら暮らしてきたというが、この景観に出会うと、それはもうまぎれもない実感として迫ってくる。羅針盤のついた動力船で遠方へ出かける時代はいざ知らず、沿岸の漁師は山の見える海をずっと稼ぎ場としてきたのである。海女船が「トマリ」に出ていく時も、船頭はずっと対馬の山々を凝視しながら船を進めていったことは言うまでもない。

「山を三つ合わせきらにゃ、本当の船頭ちゃいえん」と梅野正雄さんは言った。曲の男ならだれもがしてきたように、正雄さんも海女船をこぎ、ブリ縄やタテ網漁にも出ていった。いまは現役を退き、老人会の会長や宮総代として部落の世話をやく身だが、海の話が出ると、ふだんの早口がいっそうなめらかになる。

正雄さんのいう「山を合わせる」とは、この世界でいう「ヤマアテ」のことだ。「ヤマタテ」とも呼んでいる。広くて、のっぺらぼうの海の上。そこで自らの位置を確認しようとすれば、陸の目標物にたよるしかない。山が一番だが、島や岬でもいいし、ひときわ目立つ建物ということもある。それらを総称して「ヤマ」というのである。

沖へ出て或る地点に達すると、それまで隠れていたヤマが急に顔を出す。ここが「――出し」。さらに進んで、前方のヤマと背後の大きなヤマが重なれば「――もたれ」。緯度・経度で表わすのにくらべ、何とも血の通った呼び方ではないか。こうした「山に求めた海の地名」（桜田勝徳）

対馬の重畳たる山並み（厳原沖から写す）

は、わがくに沿岸のいたるところにあった。

では、曲の漁師たちは実際どんなふうに「ヤマ」をたててきたのだろうか。正雄さんの記憶はもうだいぶ消えかかってはいるが、何とか思い出してもらおう。

「ヤマをたつるとは、何十年も訓練せんことにゃできん。阿須浦から沖へ出ると、厳原のシモの方がだんだん見えてくる。まず地をはねるとがモトヤマ出し。一番出しじゃ。その次がタット出し。このタットザキ（竜ノ崎）というとこは要塞でな、アワビやワカメがようつくけんども、なかなか入られん。組合長が司令部に許可もらいに行きよったもな」

シモの方から次々に顔を出すヤマ。それに合わせて海上の位置が決められていく。手前から列記すると次のようになった。下の地名はヤマの名である。

①モトヤマ出し――輪島
②タット出し――竜ノ崎
③ノージマ出し――内院島

曲漁師のヤマアテ

④瀬戸あらかり――内院島と対馬本島の間の瀬戸
⑤タカミ合わせ――ひとつは神山か
⑥コブ出し（一、二、三番）――不明

地図に照らし合わせると、ヤマがほぼ弧を描いて並んでいるのがわかる。

「ノージマ出しまで行きゃ、勝本（壱岐島北方）の灯台がはっきり見える。もっと沖へ出るとな、山が三つもコブのような格好して出てくるんじゃ。これがコブ出し。三番コブちゅたら、もう壱岐の方が近うなる。『きょうは三番コブまでいてきたぞ』というたら『おお、そんなとこまで出たか』とびっくりしよったもんじゃの。さあ、何ちゅう山じゃったか……」

もうひとつの「もたれ」は、こんな具合に使う。

「ここらでは『有明山にヒヨリイシがもたれる』と、こういいよったな。この近辺で一番高い山が有明山。ヒヨリイシは厳原のちいっとシモにあるが、これはまあ大崎でもええ。カミの方に行きゃ行ったで『大梶鼻が白岳にもたれる』というもんな。鼻ちゅのは人間の鼻といっしょで、突き出したところ。曲のもんは崎をたいがい鼻といいよるがな。大梶鼻は難所でな、潮が早いし波が高い。まったく鼻先ゃ潮じゃ。まあ、人間の鼻の先もシオからいけの」

ただ、二つのヤマを合わせるだけでは一定線上に行き着くことはできても、一定地点をしっかり確定するのはむずかしい。それにはもうひとつヤマを借りねばならない。「山を三つ合わせきらにゃ」と正雄さんがいうのは、たぶんそういう意味なのだろう。

山の見える日だけならいいのだが、困るのは霧のかかった、それも凪《なぎ》の夜。「シケの海は霧が早う晴れる」から、それほど心配ないという。

「沖へ出て霧がかげる、雨が降る、山は見えん、イカはつく……もう泣きたいごとあっとよ。昼はそうでもないが、晩になってみんかね、船がどっち向いて走りよるのかさっぱりわからん。波のうねりと風の方向を見とかんとな。ヒガンイカ時分は、ようそうなことがあったも」

霧だけならまだいい方かも知れない。最近はこれに工場の煙やさまざまな陸の夾雑物が加わった。「山が見えにくうなった」というのが、この頃の老漁夫のなげきだそうだ。山険しく、島影あざやかな対馬にしてそうである。海と山は次第に隔てられつつある。

こうした「ヤマアテ」の知恵を伝えてきたのは、同じ海の民でも、かなり沖へ出ていく漁師たちである。ひとより一足先にいい漁場に到着したい。それには、より早くより正確にヤマを見なければならないだろう。「ヤマアテ」は、いわば男の世界の伝承といっていい。磯をめぐる海女たちにとっては、ちょっとばかり事情が違ってくる。トメさんによると、こうだ。

「モトヤマ出しとかノージマ出しとか、そんなものは縄延えたりイカ釣ったりする時にいうと。けんどもな、海女船の船頭さんも、やっぱ山を見らにゃでけん。『ここは瀬が荒いけ、ようけおらんぞ』とわたしがいうとじゃろ。そしたら船頭さんも、山をば見て『うん、ここは少なかろ』とな。山の高いとや低いとや、溝の通ったとや、いろいろ見るですぞ。わたしら海女さんは、山の根ばっかしで働くんじゃけ」

同じ山を見るのでも、海女船の船頭は、山の表情から磯の様子を探る。トメさんの表現法に従えば、茎（山）の具合から根（磯）の良し悪しを判断する、というわけだ。ここでは、海と山のつながりは一層濃密である。「根」といえば、第一部に記したように、瀬戸の家船系漁師・藤川健次さんも、自らの漁を「根つき商売」と呼んでいた。

Ⅲ　歴史と伝承の曲海女

◆定住——鐘崎から曲へ

「海女」「海士」「海人」——すべて「アマ」と読む。「女のアマ」「男のアマ」「潜り一般」とそれぞれ使い分けてはいるが、最後の海人という言葉、古くは漁撈者全般を指していたことはよく知られている。釣りをするひと、網をうつひと、それに水夫までも含めて海人と呼んでいた。それが次第に分化して、主として潜水漁撈者だけを指すようになったのである。ただし、海人を「カイジン」と読めば、また微妙に異なった意味になることは、第一部で触れた通りである。

これら古い海人は、もともとからわが国にいたのではなく、遠く海の彼方からやってきたという。その源はインドシナや中国、インドネシアなど南アジア方面だろうということでは、ほぼ一致している。それが北上するについては、大きく分けて二つのルートがあった。中国南部から朝鮮半島を経由してきた流れと、台湾—沖縄と島づたいにやってきた流れだ。江南系と南島系である。羽原又吉（漁業経済史）、宮本常一（民俗学）、水野裕（古代史）といった海洋漁撈文化に詳しいひとたちは、だいたいこの説をとっている。

わが曲海女は、どのあたりに位置するのだろう。これは後で詳しく見ていくが、曲海女は筑前鐘崎《かねざき》から移ってきたといわれる。鐘崎海人は宗像系海人に属していることは間違いないが、その宗像系海人がどの系統を引くかについては、研究者によって意見が分かれてくる。何しろ縄文後期から弥生時代にかけてのことだ。渡来海人の波は複雑に伝播・混交していて、その糸をときほぐすのは、いまとなっては容易なことではないだろう。ただ、潜りは江南系漁撈文化を代表するものであることだけは、しっかり押さえておく必要がある。

海人の一大根拠地であった筑前宗像地方と壱岐、対馬、さらに朝鮮半島南部を結ぶ海域は、かつてはそれこそ一衣帯水の地であった。海洋性の色こい「玄界灘文化圏」とでもいうべきものができあがっていたのである。今日の感覚からすれば、ちょっと想像しにくいのだが、倭寇や松浦一揆なども併せて考えれば、わかりやすいかも知れない。この海域を自由に往来できる海人たちの姿は、おそらくは荒海によく映えたことだろう。

さて、このあたりで鐘崎海人が曲に定住するまでのいきさつを、宮本常一の所説に従って簡単にたどっておこう。

まず彼らが対馬と密接なつながりを持つようになったのは、鎌倉時代、宗氏が対馬に勢力を築いてからのことらしい。とくに嘉吉の乱（一四四一年）以降は、いっそう関係が深まる。大内氏

現在の鐘崎港（中央の小山は鐘ノ岬。左は地島）

に追われ、宗氏を頼ってきた少弐氏の九州本土回復戦につくしたからである。彼らは玄海の海を一番よく知る存在だった。その手柄によって、鐘崎海人は対馬周辺の漁業権を正式に認められた。これが後々まで尾を引く「対馬八海御免」のお墨付きだ。「対馬八海」ということばは、すでに何度か出てきたが、それは島を取り巻く全海域を意味する。

しかしこの時代、彼ら鐘崎海人はいぜん定住せず、漂泊・移動を繰り返していた。東海岸の住吉瀬戸や雞知高浜を拠点としながらも、冬になると毎年鐘崎へ帰っていった。その一団が厳原に近い曲に居を定めたのは、やっと十七世紀に入ってからである。宮本常一は元禄年間（一六八八―一七〇四年）ごろと推定している。

「そのころから、クジラをとることがさかんとなり、男はクジラとりに出かけるようになった。これはイルカやマグロを突く技術をいかしたものであった。いっぽう、女のひとは干しアワビがシナ（中国）へたくさん売り出されるようになって、おもにアワビをとるようになった。そうすると、どうしても同じ船の中でくらすことができなくなり、家船はだんだんすたれていった」(『風土記日本1　九州・沖縄篇』)

男はクジラ組の羽差に、女はアワビとりに――いずれも対馬近海はまたとない好漁場ときている。定住を余儀なくされたわけである。さらにもうひとつ、あれだけほしいままにしてきた漁業権が、浦々で村人と衝突を起ここし、次第に制限を受けるようになった事情も多少はからんでいるようだ。

ちなみに、鐘崎海人の出稼ぎ先や移住地はこのほかに、玄界灘では壱岐の小崎、日本海を北上して長門の大浦、宇生《うぶ》、さらに能登舳倉《へぐら》島までたどることができるという。

こうして、ようやく曲部落が姿形をなしてくる。曲の海人はもとから対馬にいたのではないし、「海女」が仕事の主役にすわったのも、かなり後になってからのことだったのである。元来対馬では、地元漁業といえば農業の延長でしかなかった。それはこの島独自の土地所有制と分かちがたく結びついていた。そんななかで、曲だけは農業の経験どころか、日々住む土地さえ借りものであった。

対馬南端の古い村・豆酘《つつ》。ここにもやはり潜り漁がある。ただし、こちらは男海士ばかり。何かにつけて引き合いに出される両者だが、「潜り」という一点を除けば、およそ対照的な村であることはすぐわかる。

「ここでは、田畑をいくらか持っちょる土着の人は、食うだけならどげえかしよりました。漁業というのは、だから現金収入を得るためにやるとです。はい。だいたい百姓仕事は女どもが主でして、男どもは漁に出ていきます。まあ田んぼの植え付けぐらいは一部手伝いもしよりましたが……。漁というても、ここはブリが中心で、あとイカ漁が時々入ります。潜りはブリの休漁期にやるわけです。アワビは五月から八月いっぱいまで。船で行く人が全体の半分ぐらいで、他の人は泳いで行きよります。秋や冬はアマには出ません」

こう語る川辺甚吉さん（八十歳）は、漁協の組合長を長年つとめた豆酘の指導者のひとりである。もちろん自身も、若い時は潜ったという。その潜りも、曲の場合とは違って、五島列島の北、小値賀島の海士が豆酘にやってきて伝えたといわれている。

豆酘といえば、対馬独特の天道信仰の本場であり、赤米神事という古い祭祀がいまに伝わるところである。さらに高御魂《たかみむすび》神社や多久頭《たくづ》魂《たま》神社という式内社が鎮座する地でもある。対馬でも、おそらく最も「由緒」ある村といっていい。それをたとえば「陸《おか》の方に顔を向けた漁村」と形容するなら、曲は「海に顔を向けた漁村」ということになるだろうか。漁師が海を向く、のは当り前といえば当り前なのだが、ともかく曲の海女にとって、ただひたすら海へ海へと押し出す以外に道はなかったのである。

◆島社会と海女部落

「曲のこの土地は、もとはといえば隣の小浦のもんじゃった。ずっと長いこと小浦から〝間借り〟してきた。曲ちゅ名前は、ここから出とるんじゃないかの」

宮総代の梅野正雄さんが真顔でいった。筑前鐘崎の海人の一団がこの地に定着して、たかだか三百年。その前は対馬の東海岸を転々、そのまた以前は……と考えると、正雄さんの地名起源説は、真偽を超えて不思議なリアリティーをもってくる。

曲という地名は、実は福岡県の宗像市にもある。鐘崎から内陸部へ十キロほど入った田園地帯。すでに鎌倉時代、宗像荘内の地名としてその名が見えている。ただ、鐘崎や海人とのかかわりを示す史料や伝承は見あたらない。ともに珍しい地名。しかも、鐘崎海人が対馬へ出稼ぎに出ていた頃、すでに宗像の曲地名は成立していたようだから、両者の間には何らかのつながりがあったのではないか、と想像したくなるが、残念ながら今のところ不明である。

曲部落は現在百七十世帯、五百五十五人。「ここは野菜ひとつ作らんとこじゃから」と区長の梅野嘉吉さん（六十七歳）がいうように、わずかばかり商業を営むものを除いて、すべて漁業である。田や畑をつくろうにも、平地がないのだ。三方を山に囲まれた狭い土地に軒を並べる姿は、やはり〝間借り〟という言葉がぴったりくる。

ここのひとたちはおおらかだ、と冒頭に述べた。対馬唯一の専業漁民の村として、百姓村とは違った気風をはぐくんできたのだが、それはまた、他の村と一種の社会的緊張を生み出す結果にもなった。

「磯の権利をとるために、ずいぶん苦労したんですよ。土地々々の部落の有力者が『ここはわしらの漁場じゃ』と次々にいう。明治の漁業法発布のあとです。けんどもわたしゃ、こういうて交渉に行きよりました。『おまえたちにゃ先祖から伝わった農業というもんがある。海のことは海を司るもんにまかしとけ』とな。もめごともいっぱいあったですよ。田舎の方は、焼酎を飲みたいがために朝鮮人の海女に部落の磯ば売ったりしよった。『ばかこけ、百姓はそんなにえらいもんか』。わたしゃこういうてやりよったですよ」

部落の最長老、梅野乙吉さんはこう語る。大正初期に漁協の理事長をつとめ、いまは高台に隠居住まいの身だが、なおかくしゃくたるものである。「対馬八海、これ曲の漁場」とはいっても、実情は、そうすんなりとはいかなかったようだ。それが最終的に息の根を止められたのが、何度か触れた戦後の新漁業法成立だった。

ところで、島社会のなかで曲が置かれてきた位相というのは、どんなものだったのか。その一端は、漂泊から定住への過程をたどることですでに見てきたのだが、なおいっそう明確にするためには、この島の村落構造を理解してかかる必要がありそうだ。

何より大きな特徴は、外来者を厳しく区別してきたことだろう。彼らは「寄留」と呼ばれ、村落共同体から排除された。山林の共有権や海の採藻権が与えられず、村の公役にも参加できない。その厳しさは徹底していて、次男、三男の「分家」も同じように扱われた。

村の実権を握ってきたのは「本戸」と呼ばれる家々である。その数は、豆酘なら百九十一戸というようにずっと一定しており、村の戸数といえば、本戸だけを指すというくらいだった。こんな排他的な村落構造がつくられた背景には、土地生産力が低く、人口増加を極力抑えようという、島ののっぴきならぬ風土的条件があった。本戸制度はいまも根強く残っている。

それまで漂泊・移動をつづけてきた海人が曲に定住したのは、そんな制度が確立して後のことらしい。だから定住とはいっても、正雄さんのいうように、阿須浦の端っこにわずかばかりの土地を借り受けただけで、村落構成メンバーがもつ、もろもろの権利にはいっさいあずからなかった。だから〝間貸り〟なのである。

対馬的社会と曲と、そのコントラストが次第にくっきりしてきたようだ。象徴論のいい方を借りれば、ひとつの島社会にあって、つねに「周縁的」「境界的」な存在として生きてきたのが曲である、ということになるだろうか。この視点から、いま少し掘り下げてみよう。

まず、一般的に「定着民」というものは「漂泊民」をどのような形で視界にとり込んできたのだろう。これが実は揺れている。一方で蔑視の目を注ぐかと思えば、一方では逆に畏怖の念さえいだく。何とも奇妙なブレではあるが、文化人類学がいうように、これは「非日常性」が本来はらんでいる両義的性格によるものである。ひと昔前の旅芸人や宗教的遊行者も、やはりそのような存在として村落共同体から迎えられた。これは記憶あるひとも多いだろう。つまり定着民は、漂泊民から脅かされたり、活力を付与されたりしながら、彼らとの間にひとつの相補システムをつくりあげてきたといえる。

これを裏返して、漂泊民の側からいえば、どういうことになるのか。それは「汚れ」と同時に「聖性」をも身にまとっていることを意味しているだろう。ここ曲は「正月過ぎに船でトマリに出ていきゃ、もう盆まで帰らん」という海女部落だった。そして、はだか潜りときている。土地らしい土地もない。陸の民にとってこれが異様な生活様式に映るのは、いうまでもない。しかも年の大半を海上で過ごすのだから、百姓たちのようにいつもいつも「祭事」を催すというわけにもいかなかった。

けれども、彼らは定着農耕民がもたない或る大切なものをあたためてきた。それを一種の「聖なるもの」といってもおかしくはないだろう。「殿様の時代にゃ、海女さんの行くところ行くところ、必ず浜にタキギばそろえてくれてあったぞ。なんせ殿様の御菜とりじゃから」。これが老海女たちの口ぐせである。さらに興味深いことに、この部落には「安徳天皇伝説」が語り伝えられているのだ。壇ノ浦で沈んだとされる悲劇の天皇をこの対馬の地にお連れしたのは、実はわれわれの始祖である、と。老人たちは、いまでもかたく信じて疑わない。これは後ほど詳しく見ていくことにしよう。

曲はこのようにして、「藩主」と「天皇」をいつも身近かに抱え込んできたのだ。どうやら漂泊民は、定着民の前で何も小さくなってばかりいたのではないらしい。ひとつの「全き世界」のなかで、一定の居場所を確保してきたのである。

しかし今日、曲の海女にとってさまようべき海は、もうない。陸の側からの、さまざまな制度化もいっそう進んできた。近代法なるものによって居場所を奪われてしまったのである。こうなれば曲は、もはや島社会のなかの単なる「異物」でしかなくなる。ここに至って、本来の意味での差別が生まれるのだろう。「あそこの部落は……」と曲への偏見にみちた発言は、対馬のあちこちで聞かされた。

「安徳さまから許されたとに、この海は」

老海女たちは、そういってくやしがる。

◆櫓こぎ歌「ゴトリン節」

〽（エンヤーレ）曲でるときゃ　涙でたがョー
大梶鼻越しゃ　（ノーヨイ）　歌でいくヨー　（ハー　ゴトリン　ゴトリン）

歌の好きな老海女のあいだでも、とりわけ人気の高いのが「ゴトリン節」である。その冒頭は、曲船のコースと同じく、まず大梶鼻越えから始まる。名にし負うこの難所さえ過ぎれば、あとは自然と歌も出る。彼女たちの歌う「ゴトリン節」にしばらく耳を傾けてみよう。

「ずうっと昔から伝わっとるもんな。櫓をこぎこぎ、それに合わして歌うんじゃけ。ゴトリン、ゴトリンとな。すっと船の連中が掛け合うたり囃子を入れたりしてな……。腹へっとる方が海に入りいいけんど、歌にもまたええ。声が出るも。腹いっぱい食べとったら歌も歌われん、海女もせられん。若い時にゃ、わたしゃ声がどこから出よっとかちゅぐらい出よったが、やっぱ年とると声もなあも出らん。けんども、この歌はな、トメばあさんとわたしでなけりゃ歌えんちゃ。わたしらが死んだら、だあれも伝えるひとはおらんぞ。歌の文句かね、はあ、なんぼでもあるばってん。十も二十も」

ハルさんは、そういって歌い出した。

〽曲ござるなら　わらじをはいてござれ
　曲ゃ石原　小石原
〽親のない子は　磯辺の千鳥
　潮のない日は　泣き暮らす
〽たとえ姑は　鬼でも蛇でも
　ヌシさん育てた　親じゃもの

「ゴトリン節」は船歌のなかでも櫓こぎ歌といわれるものだ。櫓は三丁か五丁か。手こぎのリ

ゴトリン節（採譜・中林清治）

ズムに合わせて次から次へと交代で歌いつがれていく。船頭から海女へ、海女からママタキへ。歌の出番が終われば囃子に回る。思いつくままに作られたものがほとんどなのだろう、歌詞はお世辞にも上手とはいえないし、決まった順序というのもない。そして常套句を借りてきたものも目につく。けれど、共同労働にはやはり欠かせぬ歌だった。

「この歌はな、夜に歌うとほんにええ。櫓を押し押し歌いよると、向こうからイカ釣りの船がやってきて、そこの若い連中が『オー、惚れたぞ、惚れたぞ』ちゅてひやかすんじゃ。すっと、わたしゃこういうてやりよった。『オー、惚れたら付いてこい。行き先ゃ豊じゃ』とな。アッハッハ」

これなどは、ほとんど「歌掛け」の世界に近づいている。美声のハルさんに対し、一方のトメさん、しゃがれ声だが迫力満点。

〽対州灘めの　イカとりみやれ
　五月野に咲く　ユリの花
〽船はチャンコロでも　炭薪積まぬ
　積んだ荷物は　米と酒

後の歌の「米と酒」などは、海女船の精一杯の見栄というべきか。こうした歌は労働を円滑にするだけではない。その場が昂揚してくれれば、日頃閉ざされていた感性をさえ解き放つ。圧倒的に多い猥歌は、そんななかから生まれてきたのだろう。男と女が掛け合えば、その場はさらに色艶を増す。

〽昔なじみと　けつまずいた石は
　会いた（ああいた）かったと　あとをみる
〽人の女房と　枯木の枝よ
　昇るながらも　恐ろしや
〽男あるのに　間男すれば
　長い刀の　夢をみるよ
〽トラは千里の　山さよ越すが
　しょうじ一重が　ままならぬ
〽しょうじ一重が　ままなるけれど
　いまきひとつが　ままならぬ
〽山に切る木は　たくさんあれど
　思い切る気は　さらにない

「こんなもん、あんた、考えたらじきにわかろうが。一回ひっついたとが、またひっつくじゃねえか。おまえそんなことわからんけ。アッハッハッハ」。トメさんは豪快に笑いとばした。ご覧のように、何ともシンプルな猥歌である。海女の民謡というのに、海底労働のつらさを歌ったものがないのはどうしてか、といぶかる向きがあるかも知れないが、だいたいがこんな調子なのだ。第一「哀愁切々」では、櫓をこぐ手にも力が入らぬではないか。とはいうものの、同じ性を歌っても、どこか一点カゲリというか物悲しさのようなものが感じとれる歌もある。この世界では、夫婦が離れ離れの生活を強いられるケースが多いこととも無縁ではないようだが、どうもそれだけとは思えない。

〽遠く離れて　咲く花もてば
　散りはせぬかと　気にかかる
〽かわいがらのせ　つぼみのうちに
　開きゃあなたの　妻となる
〽妻と定むりゃ　座頭さんもかわい
　荷物かつぎましょか　琵琶ぶくろ
〽山の木かやは　枯れても目立つ

ワシが殿ごさんは　いつ目立つ

「わたしゃ嫁にいったのは、十七の時じゃった。親がね、急に話を持ってきたけんども、わたしゃまだ嫁にいかんといいよった。すっとオバになるひとがきて『向こうの家は難儀じゃから。お母さんが胸せいて飯あつかいがおらん。はよいてやらにゃ』という。じゃから結婚式もなあんもしとらんです。初めて夫婦二人でトマリに出ていくとが〝一年生〟。ケネーブネで年配のひとの船についていきゃ、『あら、あんこたケネーで来とるばよ』と、こねえひやかされよったが。やっぱ一年生は恥ずかしいもね。何年かして子どもがでくると、またヨソのひとと乗り合うてトマリに出る。オヤジドンやらが乗っとる船でな。……わたしゃ字はひとつも知らんけんども、ひとから聞いたことは絶対に忘れん。四つ五つの時分に、お父さんが『トメよ、トッツァンが歌教えるろ』ちゅて教えてもろうたが、そん時習うた歌は絶対忘れとらんも」

ちなみに「ゴトリン節」を採譜していただいた中林清治氏によれば「音階は日本の音階で、俗楽のなかの陽音階（陽旋法）で出来ている」ということである。

曲では「ゴトリン節」をはじめとして「ハイヤ節」や源九郎さんの「海女歌」などいろんな歌を何度も聴かされたものだ。老海女たちは、こちらが聞かない限り、自分の体験をすすんで語るということは、あまりない。ましてや、生活史を自ら記すなどということもあり得ない。それなのに、歌だけは別なのである。「ええですか、ヘタですぞ」と前置きしながらも、喜んで披露してくれる。どこの庶民でも同じことだが、彼女らもまた、日常の喜びや悲しみを何よりまず歌に託してきたのだろう。「ゴトリン節」などは、曲の海女が自らの思いを言葉で表現した、まれな例といえるかも知れない。

〽花は二度咲く　若さは一度
　若さ恋しや　二度とない

海女の盛りは三十五から四十歳頃まで。五十にもなれば、目が落ち耳が遠くなる。曲でいま一番若い海女は三十八歳である。

◆船霊から赤不浄まで

山の民のあいだに伝承されてきた「山の神」は、何とも容貌怪異な神だった。海の民にとって、それにあたる存在は何だろう。俗に「海の神さん」と呼ばれる神がいる。たいていの場合それは「龍宮さま」や「龍王さま」であるのだが、どうも「山の神」のように鮮烈な姿で立ち現われてはくれない。曲では旧の六月十五日に「龍宮祭り」が行なわれ、この日は漁を休んだ。「ギオンさまちゅて、オハギ食べたり、船の底ば焼いたりして、海女には出らん。何でもその日に泳いだらフカが襲うてきたちゅてな、豊にいとっても休みよった」。しかし、龍宮とはそれ以上の付き合いはないようだ。

海女研究のパイオニアである瀬川清子が、かつて「漁業のうち最も原始的なものが磯漁であるとすれば、海女の村に残っている祭事は最も注意すべきものであるが、これについては、伊勢や志摩の海女の神事以外には、殆んど見るべきものがない」と嘆いていたことを思い起こす。

曲の海女がなにがしかの緊張感をもって語れる神はといえば、やはり「船霊《ふなだま》さま」というところに落着くだろう。文字通り船の精霊である。精霊といえば、山や川、田、家といたる所にいたのだが、すでにそれらは「山の神」「河童」「田の神」「座敷わらし」などに〝出世〟したり〝変身〟したりしていった。これらの神は相互に転化・循環しながら、わがくに民間信仰の基底をかたちづくってきたことは、民俗学が明らかにしている。そんななかで、船霊はいぜんとして精霊であり続ける不思議な神である。

「船神さんはな、船バリのちいっとトリカジ側（左舷）におらすもな。トリカジから昇り降りすっと。じゃから、海んなかで仏さん（死体）を拾うたら、揚ぐる時は反対のオモカジ側から乗する。トリカジにゃ船神さんがおらはっとじゃも。その神さんが船から降りりゃ、すぐ船が覆る。降りる時はな、チリンチリンと音がするがな」（トメさん）

「船バリにゃ船神さんがおらすけ、間違っても踏むことならんぞ。ツンツンツンツン鳴かすもね。船ん上でご飯たいたなら、まず鍋のフタに乗せて、シャモジで二つに切って、それをばお供えしよった。何でもひとつは船神さまじゃが、もうひとつはご先祖さまじゃねえっちゃろか」（ハルさん）

「船神さんは昭和になってからカンパンのなかに入っとる。トリカジ側にな。むかしゃ本柱の下におらしたが。これがツンツン鳴きゃ海がシケてくる。正月は三つ重ねの餅にお神酒をそえて、日の丸の旗をたててお祝いしよったがな」（正雄さん）

その居場所については、語る人によって少し食い違っているが、曲のひとたちはなべて「船神さま」と呼び習わしてきたようだ。それぞれの思いを込めて語ってくれたこの精霊は、たしかに「山の神」のような変幻自在のイメージはない。何かといえばツンツン鳴いてみせる、愛すべき小さな神とみえる。「板子一枚下は地獄」の世界に生きる船びとたちが、こんな女性的な神とともにあったのかと思うといささか奇妙な気もするが、海原の内懐に深く抱かれてきた民にして、初めて感じえた神というべきだろう。

船神さまは船の守り神だという。その力の秘密はどこにあるのだろう。いま「女性的な神」といったが、トメさんにその姿をたずねてみると、やはり船神さまの正体は女性なのである。「神さんちゅてもあんた、大工さんがノミでマッチ箱ぐらいの穴を彫ってな、そこにいろいろ詰め込むだけじゃ。やっぱ女の神さんじゃけ、女の持ちもんが多いですぞ。女のひとの髪の毛やらクシ、針、糸、キレ、紅おしろい、それにお賽銭もあった。船下ろしちゅて、船がでけたお祝いをする時、大工さんが船バリに入れてフタをするもな」

「女の髪」とくるとすぐ指摘されるのは、沖縄の「オナリ神」信仰との関連だ。沖縄では、女の姉妹（オナリ）は男の兄弟を守護する霊力があると古くから信じられ、男が旅に出る時などは、オナリの髪の毛を持たせる習わしがあった。同じように、船神さまの髪の毛にも、女の神秘な力が宿っていると考えられてきたのだろうか。これを一歩進めて、牧田茂は「船霊という特殊の神があるのではなく、家の女によって祭られている家々の祖先の神がその子孫の船旅や漁を見守るために、船についてこられるのだ」といった見方を提出している。船の上も祖霊とともに、というわけである。これはハルさんの話とも符合するところがあるようだ。ともかく船には、女の呪的霊能に対する独自の感性がまだ息づいていたのである。

ところで、以上のことは、おそらくは大方の海の民に共通する精神世界といっていい。問題はむしろこの先にありそうだ。それが海女社会というフィルターを通すことで、どのように変化するのか、あるいはしないのか、である。

一般に船霊さまには、さまざまな禁忌が伴うことは、よく知られている。「女ひとりで船に乗ってはならぬ」などはその代表的なものだ。理由は「船霊さまは女だから嫉妬する」、あるいは「女が乗ると船が汚れるから」ともいう。だが曲はどうなのか。「いいや、こん部落は女がひとり乗ろうが三人乗ろうが、どうもない。船ん上で仕事する海女さんじゃけ。まあ、よそは女がひとりで乗りゃ、人形でも抱いていくっちゅけんどもね」。トメさんは、いたって平気といった口ぶりである。

「汚れ」については、この報告の最初にみてきた通りだ。船の中でお産する海女がいるというのだから、月経中に海に出ることぐらいは何ともないだろう。漁業につきものの「血の忌み」も、どうやらここでは当てはまらないようである。しかし、これは驚くにあたらないのかも知れない。「船に乗るな潜るなでは、とても海女などやれたものではない」――彼女たちは、暗にこう言いたそうだった。

たしかにこれで、なぜ曲では海の禁忌が少ないかについて、一応の説明はついたような気にもなる。そこで、改めて海の世界における一般的な女性排除の問題に立ち返ってみよう。そこには意外に根深い要因がひそんでいるかも知れない。

海の話から飛ぶが、山にもやはり「女人禁制」というのがあった。山の中腹に結界を設けて、女性がそれ以上登拝するのを禁じたりしたのである。これについては、宮田登が次のように分析している。

「こうした考え方が普遍的になるのは、一方で、山岳を聖地とみなしていた平地民たちの日常生活の中で、男性優位の生産活動による農耕生活の占める位置が中心となり、平地における神社祭祀からも、女性が排除されていく流れと軌を一にしたものと考えられる。つまり平地における女人忌避を、そのまま山岳に対しても適用して差し支えないとする常識が固定化したといえる。その際の重要な因子となったのが、いわゆる女のケガレというものであり、表面的には血穢と認定されたものだった」（『神の民俗誌』）

海における女性禁忌についても、これと同じようなことがいえないものだろうか。つまり農耕社会の確立に伴う男性優位が、そのまま横すべりしたのではないか、ということである。ことはそれほど簡単ではないだろうが、漁村のなかでも半農半漁の村ほど女性についてのタブーが多い、という傾向はそれを裏付けているようにも思われる。逆に、沖縄の糸満女性は、月事でもふだんと変わりなく魚の行商に出かけるそうだ。糸満というのは、曲と同じく漂泊漁民の村として知られたところだった。

◆安徳天皇伝説を抱く民

わたしどもの先祖は、もとはといえば筑前鐘崎の漁師であった。それがこの曲に移ってきたについては、わけがある。寛元年間（一二四三～四七年）のある日、ひとりの高貴な方（実は安徳天皇）が豊前国彦山の山伏とともに鐘崎にやってきて「対馬に行きたい」といわれる。そこで三十七艘の船を仕立てて霧の深い対馬海峡を渡った。その方は西海岸の久根田舎というところにお住いを定められた。そしてお供した三十七艘のうち三十艘は鐘崎へ帰したが、あとの七艘はこの地に留まれといわれる。残ったものは、いっとき東海岸の鴨居瀬や住吉瀬戸、それに鶏知高浜に住みつき、前者は上海人、後者は下海人と呼ばれた。後になって一行は、やっと小浦の地の一角である曲というところに落着いた。曲に多い梅野、山下、毛越という姓は、その時のほうびにいただいたものだ。梅野は山伏の総大将が梅本坊といったので上の一字をもらい、山下は霧に迷ったおり最初に山を見つけたものが『山下に乗りつけたり』と叫んだので山下姓を、そして毛越というのは浦役人の呼び名にちなんでつけられたものである。

曲に伝わる「安徳天皇伝説」は、以上のようなあらましである。そのまま曲部落の起源伝説になっているところがおもしろい。

右の話は主として『対馬島誌』に拠っているが、語るひとによって細部はいくらか変わることもある。「天皇をお連れしたのは他でもない、ここ曲の地である」となったり、「壇ノ浦で入水直前に幼帝を救い出し、源氏の追手を振り切って対馬に渡った」というドラマチックな筋立てになったりもする。そして、安徳天皇が身を隠すのに使ったという大きな木の箱が、伝説を裏づけるものとして、今も部落の家に秘蔵されている。いわゆる「開けずの箱」だ。ちなみに、今の話に出てきた西海岸の久根田舎には安徳天皇の御陵と称するものが残っている。天皇はこの地で生涯を終えられたというのである。

曲と安徳天皇伝説――この取り合わせをきいたとき、ちょっとした緊張感に包まれたのを覚えている。意外性というのではない。「やはり」という思いが強かったからである。しかも伝説の中身は物語性に満ちている。ここからどんな世界が見えてくるか。

安徳天皇伝説は、いうまでもなく平家伝説の一種だった。ただし、曲のひとたちは「落人の末裔」を名乗っているわけではない。ここは海の民らしく「船で貴種をお連れした」となっているからだ。安徳天皇伝説を、藩主宗氏の入島伝説と混同しているふしも、確かにうかがわれはする。しかし、部落のひとたちは一貫して「安徳さま」を心の支えとし、統合の核にしてきた。だから、ここでは彼らをほとんど平家の末裔と同列に考えていいだろう。

平家伝説というのは、主として西日本の山間・離島の村々にひっそりと息づいてきた。人里離れた辺境といわれるところだ。落人の行きつく先を考えれば当然と映るかも知れないが、実はこの伝説、「平野の民からの蔑視に対抗する精神の砦として創り出した」（松永伍一『平家伝説』傍点、著者）というところが本当らしいのである。しかも「安徳伝説を精神の糧としてきた地方は、どこも例外なく、暗く絶望的な澱《おり》をたたえてついに浮かばれることのない辺境である」とまで氏は言っている。

とすると、曲はどうなるのか。焼畑文化の色こい山の落人に対し、こちらは漂泊・移動の海の民だ。ともに定着農耕民（平野）の冷たい視線にさらされてきたことは、すでに指摘してきた通りである。何としても「精神の砦」を築く必要があっただろう。そういえば、五島列島北の宇久島・平の海士や大分県臼杵市津留の漂泊漁民「シャア」の間にも、やはり平家伝説が伝わるという。この一致は、けっして偶然でないように思われる。

たしかに、古老たちの語りに引き込まれると、「もしかしたら曲も落人部落ではないか」とあらぬ気にさえなってくる。源九郎さんは「曲と椎葉（宮崎県）は深いつながりがある。いつか訪ねてみよう」というし、トメさんなどは「安徳さま」を口にするとき、ふだんの大声から一転して、密やかな語り口に変わるのだ。

「安徳さまを対馬に迎えてこらはった頃は十三歳じゃった。けんども絶対に『安徳さま』の名を呼ぶことならん、言うとわかってしまう、と。じゃから、みんな『オトマロさま』といいよった。まず佐賀（東海岸）ちゅところに住まいをさせたけんども、近くの大きな岩に波が当たって、ドンドンドンドンと音がする。どうしても追っ手がかかるようにあって怖がるけ、また安徳さまを船に乗せて四丁櫓で曲の方へ連れてきよった。すっと、鶏知の沖を通ったとき一番ドリが歌うたんで、安徳さまはそこを鶏知と名づけられた。――この話をわたしゃお父さんからきいたが。『トメは口が堅いけ』となも。それをば戦争のときに、乙吉さんというひとにとうとう教えてしもた。もう明日も知れんちゅ時分じゃったけな」

トメさんは、どうやら「安徳天皇曲潜幸説」の支持者だ。この話を引き継いだという梅野乙吉さんも、一枚の古い書き付けを広げて、こういったものである。「これ、安徳天皇のご自籍です。どうぞ見てください。これがなぜわたしの家にあるかと申せば、宗家のご血統のお方から譲ってもろうたわけです」

ところで、安徳伝説は「平家伝説」であるとともに「天皇伝説」でもあった。しかもこの天皇、木箱に入ってやってきたという。ここにも民衆意識の古層を掘り出すうえで、いまひとつの大きな問題が隠されているようだ。

まず思い浮かぶのが「人神遊幸」の思想である。天皇や高僧など貴いお方が各地の村々を訪れては、それが土地のひとたちから厚くもてなされる。時には神として祀られる。こうした信仰は、実は古くから民衆の間にみられた。とりわけ天皇は、とびきりの貴種であるためか、多くの地にその伝説が残っている。

「天皇は本来遊幸する性格を持つがゆえに、容易に各地に来訪する人神に成り得た。……行幸する実在の天皇も、しばしばその対象となっていた。行幸といっても国見や巡狩などの大規模な儀式性のあるものから、追放された王の潜幸のような悲劇性を伴う形態がある。明治天皇の行幸は、まさに前者の系列に属するものであったが、安徳帝は明らかに後者であった」(宮田登『生き神信仰』)

つまり、もともとから村人たちがいだいてきた「マレビト」(人神)信仰のうえに、天皇の遊幸性が結びついたのだという。そして安徳天皇の場合、その悲劇性も加わって、祟りを鎮める「御霊信仰」の性格も併せ持っていたというわけである。

さらに、箱に入って潜幸するというモチーフ、これはどこか「うつろ船」伝説を連想させる。高貴な方が「うつろ船」あるいは「うつぼ船」に乗って流れついたという漂着譚は、対馬には数多い。西岸の青海の里には「寄神神社」というのまである。海辺にひっそり建つその神社の御神体は、漂着した石である。いうまでもなく、ここ対馬は黒潮(対馬暖流)の激しく洗う島だった。

「海の彼方から寄り来る神（来訪神）」「水平信仰」「南方系文化」……。安徳伝説は、そうした「天皇以前」の地点にまで、わたしたちを引き連れて行ってくれるのである。

「安徳さま」といえば、「対馬八海は曲の海女さんのもんですぞ。こりゃ安徳さまから許されたことじゃも」という老海女のことばが先に登場したのを記憶している方もいるだろう。トメさんはさらに「安徳さま」という言葉を、こんなふうに使ったりもする。

「お母さんの代に組合がでけたけんども、その前の安徳さまの代はヨソからアワビを買いにきよらったが。船に渡してあったシマーシダケも、やっぱ安徳さまの代からあっとっちゃけね」

正雄さんの説明でも「ここはオヤジの代から前は、ぜんぶ安徳さんの代じゃ」という。なるほど、曲のひとたちはいつも近くに「安徳さまの代」を引きずってきたらしい。その距離は縮まりもしなければ、遠ざかりもしない。これはやはり驚くべきことではないか。こうした「歴史意識」をどのように理解すればいいのだろう。

これまでつづってきた老海女たちの世界は、およそ明治末期から昭和前期の話である。もう少し年代をしぼりたいと思って「それはいつのことですか」と問い直したとする。すると返ってくる答は、きまって「ありゃ一番上の子が生まれた次の年じゃから、何歳の時かの……」となる。日本の年号や西暦で年代を確定するということは、まずあり得ない。自分の年齢を尺度とするのである。しかし少しばかり振り返えれば、かつてはだれしもがそうやっていたことに気がつく。

絶対年代に合わせて村の歴史や自らの来歴を語るにも、まず彼女たちは文字というものを持たなかった。

これに関連して、曲には次のような話が伝わる。時期は漁業組合創設時だから、明治の終わり頃である。「ここのもんは文筆ができん。それで組合の仕事をしてもらうのにカクテ（代書屋）をヨソから雇うてきたが、これがまたすぐに使い込みをやる。わからんと思うてな。ずいぶんやられたですよ」（梅野嘉吉さん）

文字がないとなれば、過去を照らし合わせるのはやはり自分の経験が一番、ということになる。国家の歩みを記す絶対年代とは別に、個々のひとたちの「生活年代」とでもいうべきものがあったと思う。村びとたちはその一代を生き、後世に残すべきものは代々口頭で伝えていく。この繰り返しである。そうしたひとたちにとって、歴史とは一直線にまっすぐ「発展」するといったようなものではないはずだ。だからこそ、途中の代を幾つか抜けば「安徳さまの代」と「現在」はたやすくつながる。そしてまた、つながりたいにちがいない。

船の上も家族（祖霊）とともに、という船霊信仰が「空間」の共有志向と呼べるならば、この安徳伝説は「時間」の共有志向ということになるだろうか。

◆「言葉じゃ、いわれんも」

老海女たちの語りを聞いてきて、あるいは女坑夫たちの世界を想起するひとがいるかも知れない。「海の底」と「地の底」、ともにこの世の奈落を這いずり回ってきた。奈落と付き合うにはだかがふさわしいのだろう、装いも同じくヘコひとつである。そして「わしらのことは、いうてもわからん」と口をそろえるところも似ている。たしかに厳しくてつらい労働ではあるが、だからといって、この世界を暗いトーンでのみ語るのは間違っているだろう。それはトメさんやハルさんの話からもうかがうことができる。海底の薄闇をくぐり抜けてきたからなのか、そこには軽やかな明るささえ漂っているようだ。

曲からの「海女語り」も、ここらあたりで締めくくりとしよう。以下は、ハルさんが語る一人の曲海女の履歴書である。

わたしにゃ歴史なんぞないですも。曲で生まれたけんども、こんまい時分から難儀ばっかりみとるけ。早うから二親が別れ別れになってしもうて、わたしゃ、じいさんばあさんから育てられた。じゃから学校にもなんにもいっとりませんけね。

八つになりゃ、浜へテングサとりに出よった。十一で初めて、じいさんばあさんの船で赤島に行ったが。ケネーブネに乗せてもろうてな。食糧ばもろうて食べて、わたしゃ八十銭分とったたっちゃけね。十一の時のこと。よう覚えとる。いいや、ママタキじゃなか。まだママもたけん頃じゃが。

そういや、こんまい時、いっとき田舎で百姓もしよったですぞ。伊奈ちゅとこで二、三年な。十二の頃じゃった。吉武三六さんちゅうて、古い馴染みのクジラ組のヤドがあってな。そこへじいさんが縄はえに行きよらった。「ホーライマカセー、マカセー、マカセー」とな、イワシばひいて、それをエサにして佐須奈の方面でアラ縄はえよったも。わたしゃ、まだこんまいですけ、ついていくとじゃまになる。じゃからヤドにあげられて、ずっと百姓の手伝いさせられよった。クジラ組ちゅてもな、もうその時分はなかったけんども、まだこげな歌を歌いよらったが。「〽麦は穂が出る　クジラ組ゃ帰る　何を頼りに麦かろか」とな。にぎわしいもんじゃったんだろな、クジラが来ると。

わたしが嫁にいったのは十八じゃった。相手はやっぱり曲のもんです。嫁にいくちゅてもあんた、昔はフロシキひとつで、夜具もっていくひとは夜具もって、ただそのぐらいでいきよったけね。「あすこに嫁にいったげな」ちゅぐらいでね、今のようにハデに何やかや持っていとりませんも。はあ、親戚のひとがもらいにきよらった。それでじいさんが承知して「そんじゃ、やろか」ちゅもんだから、わたしゃ嫁にいったとですけ。

いとこが、そりゃ大きな曲船をつくったけんども、よう乗らずに死にましたけ、わたしら夫婦が百円でそれば買うて、そん船でしばらく商売しよったが。ケネーブネでな。嫁にいってすぐの時分かの。

嫁にいったあとは、じいさんひとりだけ残らった。じゃから月に六円ずつ入れるようにしたけんども、その六円の仕送りがちょっとなかなかでけんかったが。モノが安い時分じゃも。アワビもサザエもイカも。月に六円ちゅたらあんた、わたしらにゃ大金ですもね。やっぱ遅れたこともあったですよ。そん時にゃ、ようおこられたりしてな……。

わたしが長女をもった時のことかね。ありゃ、たしか十九の六月一日じゃった。比田勝ちゅとこへ「トマリ」にいとって、そこでもって帰ってきとっと。あん時分は、夜明けに内地から比田勝の港に汽船が入ってきよったもね。その船の「ゴーッ」ちゅう汽笛ばきいてびっくりして、腹が急に痛うなった。すっとあんた、朝になってすぐでけてから。はあ、船ん上船ん上。その前の日まで、わたしゃ海に入りよらったも。その時の子は、もう五十四になっとります。

産婆さんちゅても、だれもおらんけ、ワキのひとが連れの船にな「子がでけたけ、はい来てくれ！」ちゅておらんだ。すっとあんときゃ、シイばあさんというひとが来てくれて、ヘソつんどらっとですぞ。そのおりに「おまえのヘソつんだけ、おまえの子ばもらおうぜ」というとったが、ちょうどその通りになった。シイばあさんの長男が、わたしの子をばもろうたが。アッハッハッハ。

船でずうっと対馬中の磯ば回りよるけ、船ん上ででけた子は何人もおるも。海女さんはな、いつも海んなかに入って体を使うとるけ、お産は軽い。子どももも太らんしな。産んでからちょっと休んで、二十一日目にまた海に出た。わたしゃ元気じゃったけね。子どもはいっしょに連れていって、カンパンのなかに寝かせながら海女しよったがな。一シオいってあがってからオッパイ飲まして、そんでまた海へドボンと入っと。

正月から盆まではな、ここのひとは「トマリ」ちゅうてカミの方で海女をする。すっと髪の毛が、もう染めたように赤うなっと。潮にやけてな。それを曲に戻ってから、また黒い色に染めよった。今とちょうど反対でな。今の若い娘はわざわざ赤い色に染めよるけんどもね。

対馬は方々いっとるけんど、やっぱ豊はもう何十年もじゃけね。一年や二年じゃねえも。なつかしいですよ。年はいても、ああ、あそこの磯にアワビがおろうにと思うも。そりゃ行きたいですよ。

海女の一番ええ時は、やっぱ三十過ぎから四十二、三までじゃね。まあ五十ぐらいまではいける。けんども六十越えたら、もう深いとこへ潜れんようになった。わたしゃ息の一番長い方じゃったが、年がいくと、もう下に長うおられんちゃも。盛んなときゃ、十四も五（ヒロ）もいとっちゃもね。ドンブリもたんで。

ありゃ、戦争の時分じゃった。いまの美津島町の沖で船が覆《かえ》ってから、積んであった武器が沈んでしもたことがあった。そん時に組合から選られて引き揚げにいったがな。旧の正月ですけ、冷たい寒い時分じゃったも。はあ、十五ヒロたあいわんしこあった。武器が入っとるカマスにカギばひっかけてくるんじゃが、深いけね、なかなかでけん。そこで、わたしゃいってカマスのミミにひっかけりゃ、すぐかかったですぞ。

海んなかのことはな、なかなか言葉でいわれんことあるも。よう通じめえと思うてな。わたしゃ、なにもかもしとります。五十七の時に主人が亡くなって、それからずっとひとりでおります。ここは後家さんが多いけんども、嫁にゃいかん。海女して稼ぎよるけ、まあ食う心配ないしね。今でもわたしゃ、夏になったらテングサとりに潜りよるがな。子どもの世話にならんのか？と。なんばいいよる。ないない。なんで世話になるもんか。漁もないのに。

＊本文掲載の年齢は取材当時（一九七八年）のものです。

あとがき

子供のころから、いつも周りには渚があった。瀬戸内の島に生まれ育った者にとって、それは当たり前のことだった。あこがれの都会・神戸へ行くには、まず志筑の浜から小さなハシケ（艀）に乗って、沖で待つ鉄の船を目ざした。渚はいつだって明日への跳躍台だった。

やがて、大坂湾だけでは飽き足らなくなってきた。外海へ、水平線の彼方へ——。あれから幾年すぎたか、九州の西北海域で「海人」たちに巡り合うことができた。何といっても、そこから先は唐・天竺である。少しは胸のつかえが下りたような気がした。

この本は二部構成になっているが、ともに既発表の文章に少し手を加えたものである。『西海のコスモロジー』（二〇一四年）と『漂民の文化誌』（一九八一年、うち曲海女の部分）の二編。その間、三十数年が経っている。今回、刊行に至ったいきさつについては、前著のあとがきの一部を見ていただくのが一番いいだろう。

《昨年秋、向島へ行くのに初めて船便を利用した。佐世保港から一時間足らず。小雨のデッキに立ってみた。岬と入江と島が交互に現れては消えていく。同行の服部英雄さん（日本中世史）が「この風景、網野さんに見せたかったね」といった。ああ、そうだった。この海こそ、網野善彦氏のいう海夫や家船たちの活躍した舞台だった。そう思うと、辺りが急に明るくなったような気がした。

三十五年前、対馬・曲の海女を取材して、新聞に連載したことがある（『漂民の文化誌』に収録）。以来、家船のことはずっと気になっていた。一昨年、谷川健一さん（民俗学）から「西彼杵半島は面白い。ぜひやりなさい」と強く背中を押された。その谷川さんも、昨年帰らぬ人になってしまった。いよいよ引っ込みがつかなくなった、という次第。

肥前家船の本拠地である向島のこと、それに西海海人の系譜については、これまで正面から論じられることはほとんどなかったように思う。そこに一歩踏み込んだせいで、海人を南島にまで連れて行くことになってしまった》

家船と海女。それが古くからの二大海人であることは早くから気づいていたのだが、両者がこうして出合うまでに、ずいぶんと時間がかかってしまった。怠惰のせいというほかない。

第一部「瀬戸の家船」は三年前の『西海のコスモロジー』を基にしている。ただ、ブックレットという性格上、その時どうしても収めきれない部分が残った。今回、それを生かすことにした。また刊行後、中園成生さん（民俗学）からキリシタンや松浦地方の海人についての文献コピーを頂いたが、これも新たに取り入れさせてもらった。中園さんには、この場をかりてお礼を申し上げたい。その解釈については、むろん著者の責任である。

第二部「曲の海女」については多少の説明が必要かもしれない。先に触れたように、これは元々新聞に連載されたものである。「祖形の語り」というタイトルで、先輩記者の故田中幸人さんと分担執筆した。後に単行本になったが、すでに絶版になって久しい。今回、収録するにあたっては、ほとんど手を入れなかった。何より「語り」を中心に据えているので、今さら手直しのしようもなかったのである。

久しぶりに読み返してみて、海女部落での賑やかな日々がよみがえってきた。たしか、永留久恵さん、立平進さんらの民俗調査団（長崎県教委）にもぐり込ませてもらったのが、取材のきっかけだった。その後、曲に通ううち、老海女の語り口に魅了されるようになった。野太い声のトメさん、歌うように語るハルさん。その調子は今でも耳の底に張りついている。そして彼女らこそ、「対馬八海を歩いた」最後の曲海女であったことを改めて思い知ったのである。

こうして「西海の家船と海女」が一冊の本に収まることになった。それにつけても、家船に関しては、なぜもう少し早く取材できなかったのかという悔いが、やはり残る。そのなかで、「最後の家船系漁師」ともいうべき藤川健次さんに出会えたのは僥倖《ぎょうこう》だった。

家船と海女という、ごく近しい海人を俎上に載せているので、どうしても似たようなトーンにならざるを得ないが、これは致し方ないと思っている。というより、そこにコアな海人たちの祖形のようなものを見てとっていただければ有り難い。一方で、同じことばでも、瀬戸と曲で微妙に意味が違ってくることもあるから面白い。

たとえば、潜るときに使う「ヒトカシラ」ということば。本文で気づかれたかも知れないが、瀬戸では、船から海に飛び込んで何回か潜りを繰り返し、また船に上がるまでを「ヒトカシラ」と呼んでいる。これが曲では、一回潜ることを「ヒトカシラ」、船から下りてまた上がるまでの一作業は「ヒトシオ」となる。逆になっているのである。周辺の海人集落に目をやると、小値賀島・笛吹の海士は瀬戸型だが、宇久島・平の海士や壱岐島の八幡海女は曲型である。全国的にみても、ひと潜りを「ヒトカシラ」と呼ぶ例は多い。この違いはどう考えればいいのか。ちょっと気になるところである。

ともあれ、この一冊のなかに、瀬戸の藤川さん、津口さん、それに曲のトメさん、ハルさんが仲良く並んでいるのを見て、少しばかり安堵の胸をなでおろしているところだ。そしてこれが、西海に果てた幾多の漂海民たちのささやかな墓碑銘にもなっているとすれば、これにまさる喜びはない。

二〇一八年一月

東　靖晋

引用・参考文献

〔第一部　瀬戸の家船〕

木島甚久「日本漁業史論考」『日本民俗文化資料集成3』三一書房、一九九二年（原著一九四四年）
羽原又吉『日本古代漁業経済史』ジャパン・パブリッシャーズ、一九七七年（原著一九四九年）
羽原又吉『漂海民』岩波新書、一九六三年
野口武徳『漂海民の人類学』弘文堂、一九八七年
伊藤亜人「漁民集団」『講座比較文化6　日本人の社会』研究社、一九七七年
伊藤亜人「漁民集団とその活動」『日本民俗文化大系3　山民と海人』小学館、一九八三年
伊藤亜人「中国と日本の漂泊漁民」『海と列島文化4　東シナ海と西海文化』小学館、一九九二年
宮本常一『日本民衆史3　海に生きる人びと』未来社、一九六四年
宮本常一『宮本常一著作集11　中世社会の残存』未来社、一九七二年
宮本常一『宮本常一著作集20　海の民』未来社、一九七五年
桜田勝徳『桜田勝徳著作集1　漁村民俗誌』名著出版、一九八〇年
川島秀一『ものと人間の文化史142　追込漁』法政大学出版局、二〇〇八年
田村圓澄・荒木博之編『古代海人の謎』海鳥社、一九九一年
高桑守史『日本漁民社会論考』未来社、一九九四年
高桑守史「『農民漁業』と『海民漁業』」『歴史公論102号』雄山閣、一九八四年
河岡武春『海の民』平凡社、一九八七年
平沢豊『日本の漁業』NHKブックス、一九八一年
小野重朗『南日本の民俗文化5　薩隅民俗誌』第一書房、一九九四年
下野敏見『日本列島の比較民俗学』吉川弘文館、一九九四年
内藤莞爾『西南九州の末子相続』塙書房、一九七一年
中川善之助『民法風土記』講談社学術文庫、二〇〇一年（原著一九六五年）
野口武徳「漂流漁民と国家」『情況』一九七三年三月号、情況出版

中村明蔵『熊襲・隼人の社会史研究』名著出版、一九八六年
藤野保編『大村郷村記　第五巻・第六巻』国書刊行会、一九八二年
『大村市史　上巻』臨川書店、一九七四年
瀬野精一郎『長崎県の歴史』山川出版社、一九七二年
外山幹夫『中世九州社会史の研究』吉川弘文館、一九八六年
『大瀬戸町郷土誌』大瀬戸町、一九九六年
谷川健一『常世論』平凡社、一九八三年
谷川健一『古代海人の世界』小学館、一九九五年
谷川健一『甦る海上の道・日本と琉球』文春新書、二〇〇七年
日野義彦『対馬拾遺』創言社、一九八五年
中村昭夫（写真）可児弘明（文）『船に住む漁民たち』岩波書店、一九九五年
田中享一「長崎県漁業経済誌（4）西彼杵郡の部4」『長崎談叢　第48輯』藤木博英社、一九六九年
『新版・鎮西町史　下巻』唐津市、二〇〇六年
国分直一・立平進編『西海の歴史と民俗』暁書房、一九八五年
中園成生・安永浩『鯨取り絵物語』弦書房、二〇〇九年
秋本吉郎校注『日本古典文学大系2　風土記』岩波書店、一九五八年
吉野裕訳『東洋文庫145　風土記』平凡社、一九六九年
水野祐『古代社会と浦島伝説　下』雄山閣、一九七五年
大林太良編『日本の古代8　海人の伝統』中央公論社、一九八九年
東大史料編纂所編『大日本古記録　小右記二』岩波書店、一九六一年
網野善彦『日本中世の非農業民と天皇』岩波書店、一九八四年
網野善彦『海と列島の中世』日本エディタースクール出版部、一九九二年
網野善彦「西海の海民社会」『海と列島文化4　東シナ海と西海文化』小学館、一九九二年
網野善彦「古代・中世・近世初期の漁撈と海産物の流通」『日本技術の社会史2　塩業・漁業』日本評論社、一九八五年
高橋公明「海域世界の交流と境界人」『日本の歴史14　周縁から見た中世日本』講談社、二〇〇一年
高橋公明「中世の海域世界と済州島」『海と列島文化4　東シナ海と西海文化』小学館、一九九二年
ルイス・フロイス（松田毅一・川崎桃太訳）『完訳フロ

イス日本史⑥　大友宗麟篇Ⅰ』中公文庫、二〇〇〇年
村上直次郎訳『イエズス会士日本通信　上』雄松堂書店、一九六八年
村上直次郎訳『イエズス会日本年報　下』雄松堂書店、一九六九年
村川堅固、尾崎義訳『セーリス日本渡航記・ヴィルマン日本滞在記』雄松堂書店、一九七〇年
大石一久『石が語る中世の社会』長崎県労働金庫、一九九九年
大瀬戸町文化財調査報告書第1集『大瀬戸町石鍋製作所遺跡』大瀬戸町教育委員会、一九八〇年
下川達彌「生活を変えた職人たち―石鍋」『中世の風景を読む7　東シナ海を囲む中世世界』新人物往来社、一九九五年
下川達彌「西北九州の石鍋とその伝播」『海と列島文化4　東シナ海と西海文化』小学館、一九九二年
谷川健一『青銅の神の足跡』集英社、一九七九年
山里純一『古代の琉球弧と東アジア』吉川弘文館、二〇一二年
新里亮人「琉球列島出土の滑石製石鍋とその意義」谷川健一編『日琉交易の黎明』森話社、二〇〇八年
鈴木康之「滑石製石鍋のたどった道」『東アジアの古代文化130号』大和書房、二〇〇七年
高梨修「貝をめぐる交流史」『いくつもの日本3　人とモノと道と』岩波書店、二〇〇三年
高梨修「城久遺跡群とキカイガシマ」谷川健一編『日琉交易の黎明』森話社、二〇〇八年
鈴木靖民「古代喜界島の社会と歴史的展開」『東アジアの古代文化130号』大和書房、二〇〇七年
田中史生『越境の古代史』ちくま新書、二〇〇九年
田中史生「九～十一世紀東アジアの交易世界と奄美諸島」『東アジアの古代文化130号』大和書房、二〇〇七年
安里進「琉球王国の形成と東アジア」『日本の時代史18　琉球・沖縄史の世界』吉川弘文館、二〇〇三年
安里進「琉球文化圏と琉球王国の形成」『いくつもの日本1　日本を問い直す』岩波書店、二〇〇二年
安里進・土肥直美『沖縄人はどこから来たか』（改訂版）ボーダー新書、二〇一一年
服部英雄「日宋貿易の実態」『東アジアと日本―交流と変容2』九州大学大学院比較社会文化研究院、二〇〇五年
服部英雄「チャイナタウン唐房」『新修福岡市史特別編

自然と遺跡からみた福岡の歴史』福岡市、二〇一三年
吉成直樹・福寛美『琉球王国誕生』森話社、二〇〇七年
吉成直樹『琉球の成立─移住と交易の歴史』南方新社、二〇一一年
村井章介『境界をまたぐ人びと』山川出版社、二〇〇六年
永山修一「文献から見るキカイガシマと城久遺跡群」『東アジアの古代文化130号』大和書房、二〇〇七年
野口実『中世東国武士団の研究』高科書店、一九九四年
吉岡康暢「南島の中世須恵器」『国立歴史民俗博物館研究報告第94集』国立歴史民俗博物館、二〇〇二年

【第二部　曲の海女】

柳田国男編『海村生活の研究』国書刊行会、一九七五年（原著一九四九年）
宮本常一『宮本常一著作集8　日本の子供たち・海をひらいた人びと』未来社、一九六九年
宮本常一『宮本常一著作集11　中世社会の残存』未来社、一九七二年
宮本常一『宮本常一著作集20　海の民』未来社、一九七五年
宮本常一『日本民衆史3　海に生きる人びと』未来社、一九六四年
『風土記日本1　九州・沖縄篇』平凡社、一九六〇年
桜田勝徳『桜田勝徳著作集1　漁村民俗誌』名著出版、一九八〇年
桜田勝徳『漁撈の伝統』岩崎美術社、一九六八年
牧田茂『海の民俗学』岩崎美術社、一九六六年
宮本常一・川添登編『日本の海洋民』未来社、一九七四年
羽原又吉『漂海民』岩波新書、一九六三年
羽原又吉『日本古代漁業経済史』ジャパン・パブリッシャーズ、一九七七年（原著一九四九年）
水野祐『古代社会と浦島伝説　下』雄山閣、一九七五年
長沼賢海『日本海事史研究』九大出版会、一九七六年
岡本達明編『近代民衆の記録7　漁民』新人物往来社、一九七八年
対馬教育会編『対馬島誌』対馬教育会、一九二八年
九学会連合対馬共同調査委員会編『対馬の自然と文化』古今書院、一九五四年
長崎県文化財調査報告書第42集『長崎県の海女（海士）』長崎県教育委員会、一九七九年

瀬川清子『海女』未来社、一九七〇年
瀬川清子『販女』未来社、一九七一年
谷川健一『黒潮の民俗学』筑摩書房、一九七六年
谷川健一『古代史ノオト』大和書房、一九七五年
宮田登『神の民俗誌』岩波新書、一九七九年
宮田登『生き神信仰』塙新書、一九七〇年
石井忠『漂着物の博物誌』西日本新聞社、一九七七年
須藤利一編『ものと人間の文化史1　船』法政大学出版局、一九六八年
荒居英次『近世の漁村』吉川弘文館、一九七〇年
石田好数『日本漁民史』三一書房、一九七八年
永留久恵『古代史の鍵・対馬』大和書房、一九七五年
城田吉六『豆酘―伝承と習俗』対馬郷土研究会、一九七三年
松永伍一『平家伝説』中公新書、一九七三年
武田静澄『落人伝説の旅』社会思想社、一九六九年
山口昌男『文化と両義性』岩崎書店、一九七五年
ヴィクター・W・ターナー（冨倉光雄訳）『儀礼の過程』思索社、一九七六年

【著者紹介】

東靖晋（あずま・やすゆき）

一九四六年兵庫県淡路島生まれ。中央大学法学部卒業。六八年毎日新聞社入社。福岡を中心に、長らく学芸記者をつとめる。熊本支局長、編集委員などを経て、二〇〇六年定年退職。福岡市在住。

著書に『境のコスモロジー　市・渚・峠』（海鳥社）、『ニュースの民俗学』（弦書房）、『西海のコスモロジー　海人たちの時間と空間』（弦書房）、共著に『漂民の文化誌』（葦書房）、『家族の数だけ歴史がある・日向市史別編』（日向市、宮日出版文化賞受賞）ほか。

最後《さいご》の漂海民《ひょうかいみん》

――西海の家船《えぶね》と海女《あま》

二〇一八年三月一日発行

著者　東《あずま》　靖晋《やすゆき》

発行者　小野静男

発行所　株式会社　弦書房

〒810-0041

福岡市中央区大名二―二―四三

ELK大名ビル三〇一

電話　〇九二・七二六・九八八五

FAX　〇九二・七二六・九八八六

印刷・製本　シナノ書籍印刷株式会社

ISBN978-4-86329-167-6 C0021

◆弦書房の本

鯨取り絵物語

【第23回地方出版文化功労賞】

中園成生・安永浩　日本の捕鯨の歴史・文化を近世に描かれた貴重な鯨絵をもとに読み解く。鯨とともに生き、それを誇りとした日本人の姿がここにある。秀麗な絵巻「鯨魚鑬笑録」をカラーで完全収録（翻刻付す）。他鯨図版多数。〈A5判・336頁〉【2刷】3000円

江戸という幻景

渡辺京二　人びとが残した記録・日記・紀行文の精査から浮かび上がるのびやかな江戸人の心性。近代への内省を促す幻景がここにある。西洋人の見聞録を基に江戸の日本を再現した『逝きし世の面影』著者の評論集。〈四六判・264頁〉【7刷】2400円

放浪・廻遊民と日本の近代

長野浩典　かつて国家に管理されず、保護もうけず、生き方死に方を自らで決めながら、定住地というものを持たない人々がいた。彼らはなぜ消滅させられたのか。非定住は不当なのか。山と海の漂泊民の生き方を通して近代の是非を問う。〈四六判・310頁〉2200円

砂糖の通った道

菓子から見た社会史

八百啓介　砂糖と菓子の由来を訪ねポルトガル、長崎、台湾へ。それぞれの菓子はどのような歴史的背景の中で生まれたのか。長崎街道の菓子老舗を訪ね、ポルトガルの菓子を食べ、史料を分析して見えてくる〈菓子の履歴書〉〈四六判・200頁〉【2刷】1800円

川原慶賀の「日本」画帳

シーボルトの絵師が描く歳時記

下妻みどり　よみがえる一八〇〇年代のNIPPON。〈シーボルトのカメラ〉と称される絵師・川原慶賀。シーボルトが、日本の風物と日本人の情報収集の目的で、慶賀に描かせた貴重な記録画が語る江戸庶民の日常。〈A5ヨコ判・ケース入・256頁〉【2刷】2700円

＊表示価格は税別